심리학이 말하는 그리움의 힘, 노스탤지아

© 2025. 테일브릿지(The Tale Bridge). All rights reserved.

1판 1쇄 발행 2025년 09월 01일
지은이 홍경화 (Emily K. Hong)
일러스트 홍경화 (Emily K. Hong)
감수 김진형
교정 교열 신수일
편집, 디자인 평오
펴낸곳 테일브릿지 (The Tale Bridge)
등록번호 제 2025-000128호
주소 서울시 마포구 신촌로 2길 19, 320호
전자우편 thetalebridge@gmail.com
홈페이지 hollowkingrove.com/talebridge
인스타그램 @thetalebridge

ISBN 979-11-994220-0-1 (03180)

이 도서의 판권은 지은이와 출판사에 있습니다. 책 내용의 전부 또는 일부를 어떠한 형태나 수단(인쇄물, 전자책, 복사, 녹음, 저장 매체, 정보 검색 시스템 등)으로 복제, 저장, 전송, 배포하려면 양측의 서면 동의를 받아야 합니다.

작가의 의도에 따라 외래어 표기법을 비롯한 어문규정을 따르지 않은 표현이 있음을 밝힙니다.

책값은 뒤표지에 있습니다.

심리학이 말하는 그리움의 힘
노스탤지아

당신 마음 어딘가에 남아 있는 그리움 한 조각이
오늘을 견디는 힘이 되어주길 바랍니다.

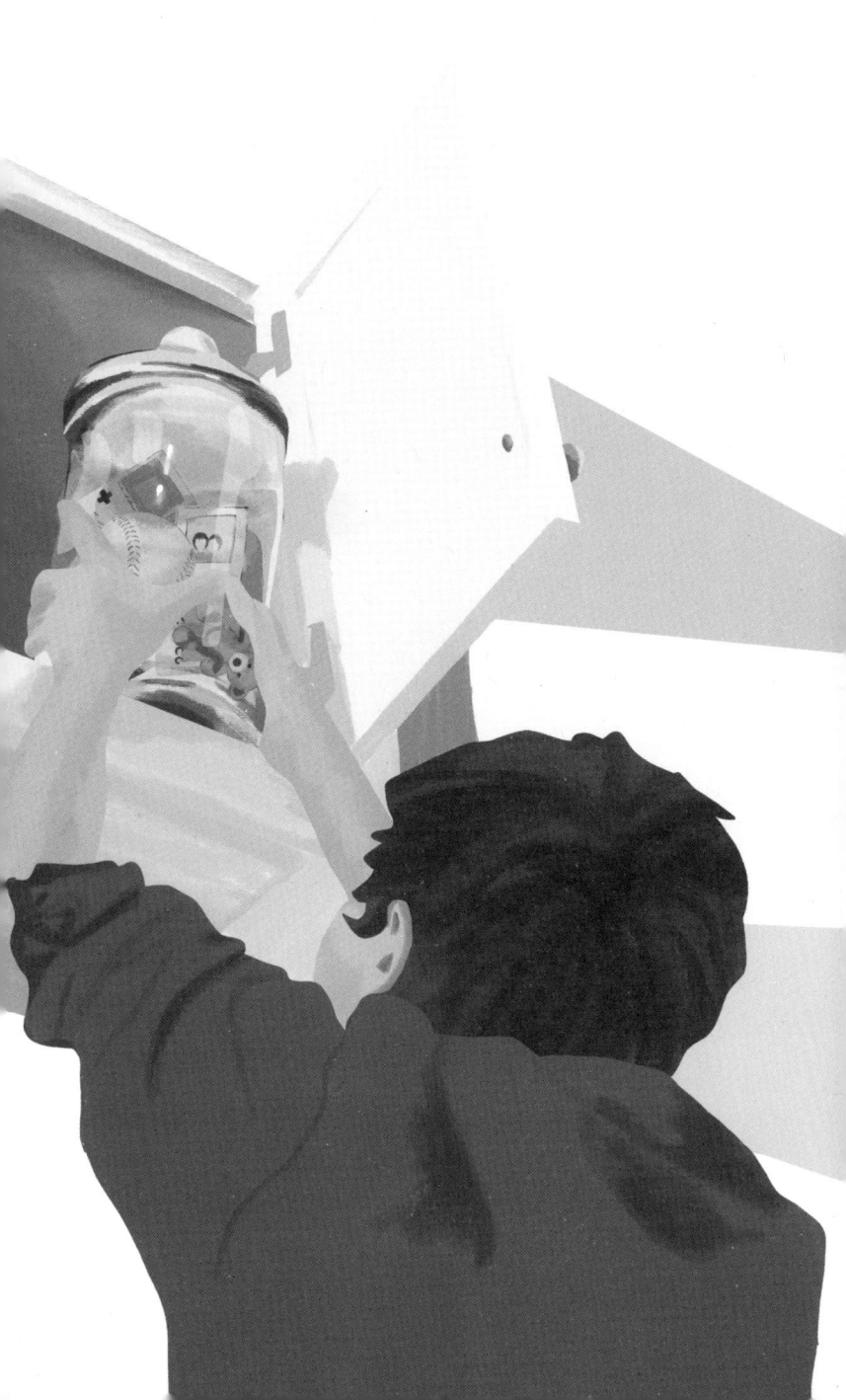

저자의 말

심리학은 매우 독특한 학문이다. 심리학은 사람이 사람을 연구하는 학문이다. 연구자와 연구 대상이 동일한 학문은 좀처럼 찾아보기가 어렵다. 나는 심리학을 연구하는 연구자(researcher)인 동시에 내 자신을 탐구하는 연구자(me-searcher)이기도 하다. 내가 수행하는 연구는 주로 내가 세상을 바라보는 관점, 나의 경험 그리고 내면에 대한 통찰력을 바탕으로 한다.

나의 연구 주제인 노스탤지아(nostalgia), 자아 연속성(self-continuity), 변화(transition), 적응(adaptation)이 그 예다. 어릴 적 캐나다로 이민을 간 나는 새로운 환경에 부딪혀 적응하는 과정에서 일찍이 고향에 대한 그리움을 느끼게 되었다. 타고난 성향 때문인지 혹은 어린 시절의 경험이 영향을 미친 것인지 알 수 없지만 나는 과거를 그리워하는 마음이 강한 노스탤지아 성향이 높은 사람이다. 그리고 이러한 나 자신을 연구하는 노스탤지아 연구자가 되었다. 특히 이 책에서는 노스탤지아 성향이 높은 개인으로서의 경험과 노스탤지아 전문가로서의 연구 경험, 이 두 관점을 모두 적용해 접근하고자 했다.

  나에게 이 책은 매우 특별하다. 우선 이 책은 내 연구 분야를 전문 학술지가 아닌 일반 서적으로 출판하는 첫 번째 출판물이다. 이 책을 대중서로 집필하려는 가장 큰 목적은 노스탤지아의 대중화라는 꿈을 이루기 위해서다. 노스탤지아라는 정서에 대한 연구는 활발히 진행되어 왔음에도 불구하고 '노스탤지아'가 여전히 대중에게 어렵고 낯선 개념으로 여겨지는 이유는 아마도 대중이 접근할 수 있는 방법이 부족했기 때문일 것이다.

  전문 서적이나 연구 논문은 일상생활에서 우리가 왜 노스탤지아를 느끼고 이 정서를 어떻게 받아들여야 하는지에 대해 친절하게 설명해 주지 않는다. 그러니 노스탤지아라는 개념이 낯설 수밖에 없었을 것이다. 이 책에서는 심리학적 이론과 관점을 제시하고 노스탤지아에 대한 연구를 소개하며, 나의 개인적인 노스탤지아 경험과 생각을 공유함으로써 노스탤지아에 대한 정보를 정확하고 쉽게 대중에게 전달하고자 했다.

이 책이 나의 첫 국문 출판물이라는 점에도 큰 의미가 담겨 있다. 대부분의 교육 과정을 해외에서 이수한 나로서는 국문으로 글을 쓰는 것에 서툴다. 그럼에도 불구하고 용기를 내어 국문으로 집필한 이유는 한국 독자들에게 노스탤지아를 제대로 소개하고 싶었기 때문이다. 노스탤지아는 한국인이 사랑하는 정서다. 박사 후 과정 지도교수인 콘스탄틴 세디키디스(Constantine Sedikides)가 한번은 나에게 한국의 대표적인 문화가 무엇이냐고 물었다. 나는 이렇게 대답했다. "한국의 대표적인 문화는 '정(情)'과 그 '정'에 대한 그리움입니다." 한국 문화를 논할 때 '정'을 빼놓으면 섭섭한 것과 같이 그 '정'을 그리워하는 마음도 한국의 대중문화에서 빠질 수 없다고 생각한다. 시장에서 한 줌 더 얹어주는 인심, 할머니가 퍼 주시던 고봉밥, 이웃집과 오가는 반찬 통이 한국 전통문화의 '정'을 보여준다면 그 '정'을 이야기하고 그리워하는 것 또한 한국의 정서다.

그러나 콘스탄틴에게 한국의 '정'이라는 문화 그리고 그 '정'을 그리워하는 마음을 제대로 설명했는지 나는 여전히 확신하지 못하겠다. 그건 아마도 언어와 문화는 불가분의 관계이기 때문이다. 우리가 아무리 노스탤지아를 연구한다 해도 영어로는 한국의 그 특수한 감성을 전달하고 느끼는 데 한계가 있지 않겠는가. 언어는 그 언어가 탄생한 문화를 반영하기 때문에 그 문화는 해당 언어로 풀어낼 때가 가장 효과적이다.

나는 한국의 노스탤지어가 그런 경우라고 생각한다. '추억을 먹고 산다'가 'We live on memories'와 어찌 같은 느낌이란 말인가. 이런 섬세한 부분의 정서를 국문이 아닌 다른 언어로 제대로 표현하기란 쉽지 않다. 또한 이 책의 마지막 장인 '현대 사회와 노스탤지어'에서 다룬 바와 같이 노스탤지어는 한국 문화에서 잠시 머물다가 사라지는 개념이 아니라 현대 사회의 새로운 트렌드와 언어 속에서 진화하며 그 변화에 발맞추고 있다.

노스탤지어 연구를 하면서 가장 어려운 일은 독자를 설득하는 것이다. 1장에서 다루듯이 서양 문화권에서는 노스탤지어가 부정적인 역사를 가지고 있기 때문에 나는 학계 안에서나 밖에서 노스탤지어를 소개할 때 종종 어려움을 겪는다. 그래서 제일 먼저 노스탤지어에 대한 부정적인 선입견을 바로잡고 노스탤지어의 수많은 장점을 설명하며, 과거를 그리워하는 마음이 건강하고 유익한 것임을 설득하곤 한다. 반면에 한국인 독자들은 다행히도 노스탤지어를 아름답게 여기고 사랑하므로 그러한 노력을 하지 않아도 된다.

그런데 참으로 놀라운 일이 있다. 노스탤지아가 한국에서 이토록 긍정적으로 받아들여지고 흔하게 경험되는 정서임에도 불구하고 국내에서는 노스탤지아에 관한 전문 서적을 찾기가 어렵다. 특히 최근 들어 심리학 서적이 많은 관심과 사랑을 받고 있음에도 말이다. 나는 노스탤지아 연구자로서 한국인들이 이 정서에 대해 반드시 알아야 한다고 생각했다. 이러한 정서는 한국인으로서 '내가 어떤 사람인지'를 이해하는 데 큰 역할을 하기 때문이다. 이 아리송한 정서를 명쾌하게 설명함으로써 독자들에게 '알다시피' 이 정서가 정말 좋은 것임을 확인시켜 주고 싶었다. 그것이 노스탤지아 연구자로서 나의 의무라고 생각한다.

이 책을 다 읽을 즈음에는 독자들이 유독 그리움이 많았던 그날의 자신을 더 잘 이해할 수 있기를 바란다.

또 한 번의 가을을 맞을 준비를 하며
홍경화

차례

저자 소개

저자의 말

Chapter 1.

노스탤지아란

사회문화적 관점
- 노스탤지아의 역사   21
- 한국인이 사랑하는 정서   24

심리학적 관점
- 우리는 어떤 과거를 그리워 하는가   29
- 얼마나 자주 과거를 그리워해도 되는가   33
- 나는 노스탤지아 성향의 사람인가   36
- 우리는 함께 그리워할 수 있다   39
- 우리는 없던 과거도 그리워할 수 있다   42
- 오늘은 내일의 내가 그리워할 어제다   45

Activity 01: 노스탤지아 성향 테스트

Chapter 2.

무엇이 우리를 그립게 만드는가

노스탤지아 트리거

- 노스탤지아 트리거   55

이유 없는 그리움

- 시각(視覺): 사진   59
- 후각(嗅覺): 향기   62
- 미각(味覺): 음식   66
- 청각(聽覺): 음악   70
- 장소: 추억이 머무는 공간   74

추억 이야기

- 추억 이야기   79
- 동창회   82
- 군대, 라떼는 말이야   85

이유 있는 그리움

- 불행해서가 아니라 외로워서   89
- 가을, 쓸쓸한 계절   92
- 가을, 2학기의 시작   95

Activity 02: 노스탤지아 노선표

Chapter 3.

노스탤지아의 기능

나를 위한 노스탤지아

- 내가 누군지 모를 땐 뒤를 돌아보라   105
- 교복을 입고 청춘의 시절로   109
- 미래의 나에게로 떠나는 여행   112
- 그동안 잘해 왔고 앞으로도 잘할 거야   116

사람과 사람 사이의 연결고리

- 사회적 동물의 필수 조건: 공감 능력   121
- 친사회적 행동까지   125
- 왜 우리는 첫사랑을 잊지 못할까   128
- 과거의 연인을 그리워하면   131
  현재 연인과 더 친밀해질 수 있다

노스탤지아 효과의 필수 조건

- 노스탤지아 효과의 필수 조건   135

Activity 3: 노스탤지아 서랍

Chapter 4.

현대사회와 노스탤지아

현대사회와 노스탤지아

- 현대사회와 노스탤지아   143
- 요즘 세대가 그리운 이유   145
- 코로나 블루 치료제   148
- 디지털 노스탤지아   151
- 그리움을 잃어가는 사회   154
- 불안한 청소년에게   157
- 사라지는 자연   161
- 속도의 시대 속 마음의 쉼터   164
- 글로벌 시대의 감정 기반   167
- 고령화 사회와 세대 간 연결   170

Activity 04: 과거의 나에게 쓰는 편지

맺는말

참고 문헌

Chapter 1.
노스탤지아란

사회문화적 관점

노스탤지아의 역사

노스탤지아는 원래 정신병을 뜻하는 용어였다. 1688년 스위스의 의사인 요하네스 호퍼(Johannes Hofer)가 스위스 해외 용병들이 겪은 고향에 대한 그리움을 표현하기 위해 자신의 논문에서 처음으로 노스탤지아라는 신조어를 사용하였다. 그는 당시 용병들이 끊임없이 호소하던 집에 대한 생각, 슬픔, 불안감과 불안정한 심박수, 거식증, 불면증을 동반하는 병리적 상태를 진단하기 위해 그리스어인 'nostos'(집으로 돌아오다)와 'algos'(고통)를 합쳐 노스탤지아라는 신조어를 만들었다.

노스탤지아를 병리적 현상으로 바라보는 관점은 오랫

동안 이어졌다. 19세기 초에는 전쟁을 겪은 용병뿐만 아니라 일반인도 노스탤지아를 겪는 것으로 알려지면서 노스탤지아는 우울증의 한 형태로 이해되기 시작했다. 20세기에 이르러서 정신역동(psychodynamics) 학자들은 이민자병(immigrant psychosis)이나 정신적 억압 강박(mentally repressive compulsive disorder)을 앓거나 죽음, 비탄, 애도에 의한 우울증을 겪는 환자에게 노스탤지아를 진단하기도 하였다.

20세기 말이 되어서야 미국의 사회학자인 프레드 데이비스(Fred Davis)가 노스탤지아는 향수병과 구분되는 정서적 경험이라는 새로운 관점을 제시하면서 노스탤지아에 대한 인식이 바뀌게 되었다. 그는 연구를 통해 사람들이 노스탤지아를 느낄 때 따뜻한 옛 기억과 어린 시절 그리고 '향수병보다는 그리움'을 떠올린다는 것을 발견했고, 이 증상이 그동안 알려져 왔던 향수병과는 질적으로 다르다는 것을 밝혀냈다.

『옥스퍼드 영어 사전』에서도 향수병은 "집을 떠나 있는 동안 집을 그리워하는 것"으로 정의하는 반면에 노스탤지아는 "과거에 대한 그리움과 아련한 감정"이라고 정의하는 것을 보면, 이제는 노스탤지아가 향수병이라는 오해는 풀렸다고 할 수 있다. 학계에서도 최근 들어 노스탤지아를 긍정적 측면이 존재하는 정서적 상태로 보기 시작했다. 정확히 말하면, 노스탤지아는 양가적(ambivalent) 정서로 설명되곤 한다. 쉽게 말해 사람들은 노스탤지아를 경험할 때 긍정 정서와 부정 정서를 함께 느낀다는 것이다.

기쁨, 즐거움, 편안함과 같은 단순한 긍정 정서와는 달리 노스탤지아는 순수하게 기분 좋은 상태만이 아니라 고통, 슬픔, 불안과 같은 부정 정서도 동반되는 '달콤쌉싸름한' 감정인 것이다. 그러면서도 행복했던 순간으로 돌아가고 싶은 마음과 같은 긍정적인 면이 좀 더 강한 정서라고 할 수 있다. 노스탤지아가 어떤 감정들로 구성되어 있는지를 분석한 정서심리학자 벤 틸버그(van Tilburg)와 동료들의 2006년도 연구에 따르면, 노스탤지아와 가장 근접한 정서는 자기 연민, 자긍심, 감사, 영감 등이었으며, 가장 거리가 먼 정서는 부끄러움, 창피, 상처 받은 마음, 죄책감 등이었다. 이처럼 노스탤지아가 병이 아니라는 연구 결과는 미국 심리학회(American Psychological Association)에 큰 충격을 안겨 주었다.

한국인이 사랑하는 정서

흥미로운 점은 한국 사회에서는 노스탤지아가 부정적으로 여겨진 적이 거의 없다는 것이다. '노스탤지아'라는 단어는 다소 생소하게 느껴질 수 있지만 '그리움'이나 '향수'처럼 유사한 개념들은 한국인에게 매우 익숙하다. 얼핏 보면 '향수병'이라는 표현은 부정적인 의미를 담고 있는 듯하지만 실제로는 고향을 그리워하는 자연스러운 감정으로 받아들여진다. 실제로 누구도 그것을 정신적인 문제로 여기지 않는다.

아이를 낳고 돌아가신 어머니를 그리워하는 엄마, 복잡한 도시 생활에 지쳐 고향을 떠올리는 사회초년생 혹은 추운 날 문득 첫사랑을 생각하는 사람을 보고 누가 정신병에 걸

렸다고 말할 수 있을까? 심리학에 대한 지식이 전혀 없는 사람도 과거, 특히 아름다웠던 과거를 그리워하는 감정을 느끼는 것을 이상하게 여기지 않는 곳이 바로 한국이다. 더 나아가 한국인은 노스탤지어라는 정서적 경험에 본능적으로 너그러운 것 같다. 과거에 대한 그리움을 담은 대한민국 대표 가수 이문세의 노래 <광화문 연가>, <옛사랑>, <가을이 오면>, <조조할인>이 여전히 많은 이들의 사랑을 받고 있는 것만 보아도 한국인은 노스탤지어를 사랑하는 민족임을 알 수 있다.

그렇다면 왜 한국 사람들은 노스탤지어를 부정적으로 보지 않을까? 그 해답은 정서를 해석하는 동서양의 문화 차이에서 찾을 수 있다. 서양 문화는 아리스토텔레스의 철학에 기초하고 있다. 이 철학은 참과 거짓처럼 서로 반대되는 두 극이 동시에 존재하기 어렵다는 이분법적 사고방식에 기반한다. 이러한 문화적 맥락에서 '행복한 삶'이란 걱정과 고통이 없는 안락하고 안정된 삶, 다시 말해 일종의 '극락' 상태에 가깝다.

서양인은 긍정적인 정서를 극대화하고 부정적인 정서를 억제함으로써 행복을 유지하려는 경향이 강하다. 실제로 긍정적인 감정을 많이 느끼고 부정적인 감정을 적게 느낄수록 더 행복하다고 여긴다. 이런 맥락에서 보면, 감정은 좋으면 좋은 것이고 나쁘면 나쁜 것일 뿐이다. 따라서 서양 문화에서는 '달콤쌉싸름한(bitter-sweet)' 노스탤지아의 복합적인 감정을 이해하기도 수용하기도 어려웠을 것이다. 서양인에게는 노스탤지아가 불러일으키는 그리움과 아련함이 부정적인 감정으로 해석되어 피해야 할 감정 경험으로 여겨졌을 가능성이 크다.

반면, 동양인은 공자의 철학에서 비롯된 음양(陰陽)의 조화를 중시하는 사고방식을 지니고 있다. 이 관점에서 '행복한 삶'이란 단순히 즐겁고 신나는 삶, 슬픔이나 괴로움이 전혀 없는 상태를 뜻하지 않는다. 오히려 긍정적인 정서와 부정적인 정서가 조화를 이루며 공존하는 삶을 이상적이라고 여긴다. 이런 맥락에서는 부정적인 정서가 반드시 나쁜 것으로 간주되지 않으며 기쁨과 슬픔을 동시에 느끼는 것이 전혀 어색하지 않다.

물론, 동양인도 긍정적인 정서를 많이 경험할수록 더 행복하다고 느끼는 경향은 있다. 그러나 그 정도는 서양인만큼 강하지 않다. 또한 부정적인 정서를 느낀다고 해서 곧장 불행하다고 판단하지 않는다. 그렇기 때문에 한국인은 노스탤지아에 내포된 '달콤쌉싸름함'에서 '쌉싸름한' 정서도 자연스럽게 받아들이고 이를 긍정적인 감정으로 여기는 데 큰 어려움이 없었을 것이다.

심리학적 관점

우리는 어떤 과거를 그리워 하는가

사람들에게 "언제 노스탤지아를 느끼나요?"라고 물어보면 대부분 졸업식, 기념일, 가족여행처럼 자신의 인생에서 의미 있고 중요한 순간을 떠올릴 때라고 답한다. 이런 노스탤지아의 기억은 마치 한 편의 영화와도 같다. 흥미로운 점은 그 영화의 연출가, 작가, 주연이 모두 '나'라는 것이다. 노스탤지아는 지극히 개인적인 감정이며 전적으로 나 자신과 관련된(self-relevant) 정서다. 바꿔 말해, 노스탤지아를 불러일으키는 기억은 언제나 자기 삶의 이야기, 즉 자서전적(autobiographical) 기억이다.

우리가 그리워하는 과거의 장면들 속에는 대체로 내

가 사랑한 사람들이 함께 있다. 친구들과 가족이 축하해 준 기념일, 사랑하는 사람과 함께한 첫 크리스마스, 할머니 댁에서 보낸 여름휴가처럼 마음을 울리는 것은 대부분 소중한 이들과 함께한 순간이다. 그래서 노스탤지아는 단순한 추억이 아니라 우리로 하여금 사회적 유대감(social connectedness)을 다시금 느끼게 하는 감정이기도 하다. 필자가 동료들과 진행한 2022년 연구에서 한 참가자는 다음과 같이 응답했다.

> "이 기억은 형과 함께 휴가를 보냈던 때에 관한 것입니다. 우리는 항상 같은 것을 하고 싶어 했고, 제가 멀리 있거나 힘든 시기를 겪을 때마다 아침에 일어나 타코를 만들고 함께 뒹굴면서 이야기를 나누었던 그 단순한 날들을 떠올리곤 합니다. 그 기억은 저에게 큰 위안이 되며 마치 그 순간으로 돌아간 듯한 기분이 들게 합니다. 또한 이 기억은 단순한 순간들이 가장 큰 위로와 편안함을 줄 수 있다는 것을 상기시켜 줍니다. 이 기억을 떠올리면 안전하고 사랑받는 느낌이 듭니다."

또한 사람들은 자신이 겪었던 역경을 이겨낸 기억을 떠올리며 노스탤지아를 경험하기도 한다. 그래서 성공한 삶을 살고 있는 사람들조차 과거의 힘들고 고단했던 시절을 그냥 잊어버리려 하지 않는다. 오히려 그 시절을 그리워한다. 그리움에는 분명한 이유가 있다. 그 시절이 자신에게 희망을 주었고 버틸 수 있는 용기를 주었기 때문이다. 지금의 '성공한 나'에게 과거의 고난은 단지 괴로운 시간이 아니라 자신의 성장과 발전을 증명해 주는 소중한 기억이다. 그러니 그 시절에 배고픔을 달래 주던 국밥 한 그릇은 어쩌면 지금의 고급 스테이크보다도 성공의 맛을 더 강하게 느끼게 하는 음식일 것이다. 또 다른 참가자는 다음과 같이 응답했다.

> "저에게 가장 향수를 불러일으키는 기억은 오랫동안 고통스럽고 스트레스를 주었던 법정 싸움에서 승리했을 때입니다. 아버지의 택시 면허 문제로 지방 의회와 치안 법원에서 모두 패배했을 때, 모든 희망이 사라진 것만 같았습니다. 우리는 법원에 항소할 수 있는 옵션이 있었지만 포기했습니다. 이것이 운명이라고 생각했고, 더 싸우기 위해 수천 달러를 지불할 가치가 없다고 판단했습니다. 아버지는 거짓 고발을 당했고 인종 차별도 겪었습니다. 치안 법원의 판사조차도 아무런 도움이나 지침을 주지 않는 것처럼 보였습니다. 결정할 시간이 2주밖에 남지 않은 상황에서

저는 갑자기 항소를 더 진행해야겠다는 충동을 느꼈습니다. 13일째 되는 날, 저는 법원에 항소하기로 결정했습니다. 그 후 우리는 그 사건을 맡아 싸울 수 있는 최고의 변호사를 찾았고 결국 승리했습니다. 심리의 시작부터 판사는 이 여정이 고통스럽고 무의미하다는 것을 즉시 알아차렸습니다. 판사는 단순한 인간의 실수로 무고한 한 택시 운전사를 법원까지 끌고 간 지방 의회를 비난했습니다. 판사는 아버지를 모든 혐의에서 해방시켰고 우리는 항소에서 승리했습니다. 그 경험은 제 인생에서 가장 기억에 남는 순간이었습니다. 1년의 고통이 한순간에 사라졌습니다. 저는 감정에 압도되어 아버지를 껴안고 울고 싶었습니다. 그 순간의 기쁨보다 더 나은 것은 없을 것 같았고 그 순간이 영원히 지속되기를 바랐습니다. 잊고 싶어도 잊을 수 없을 만큼 강렬한 기억이었습니다. 그것은 정말로 숨막히고 동시에 평온한 경험이었습니다."

얼마나 자주 과거를 그리워해도 되는가

'향수', '그리움', '아련함' 등 다양한 이름으로 불리는 노스탤지아는 어딘가 낯설게 느껴질 수 있다. 그러나 실제로 우리는 생각보다 훨씬 더 자주 노스탤지아를 경험하고 있다. 그럼에도 불구하고 우리가 그것을 뚜렷하게 인식하지 못하는 이유는 노스탤지아라는 정서에 대한 이해가 부족해 자신이 느끼는 감정을 정확히 진단하기가 어렵기 때문이다. 지금 느끼고 있는 그리움이 사실은 노스탤지아라는 사실조차 모른 채 지나가는 경우가 많다.

또한 노스탤지아를 자주 느끼는 것이 사회적으로 바람직한가에 대한 인식도 충분하지 않다. 우리는 종종 과거를 그리워하는 자신을 보며 의문을 품는다. '내가 너무 감성적인 건 아닐까?', '현재가 만족스럽지 않아서일까?', '혹시 나이가 들어서 그런가?' 하는 생각들로 인해 노스탤지아를 느끼고 있어도 그것이 노스탤지아라고 확신하기 어렵다. 이는 우리가 노스탤지아가 얼마나 자연스럽고 당연하며 심지어 건강한 정서인지를 잘 알지 못하기 때문이다.

그렇다면 이제 다시 묻는다. 우리는 과거를 얼마나 자주 그리워해도 될까? 답은 간단하다. 그리워하고 싶은 만큼 그리워해도 된다. 노스탤지아는 전 세계 다양한 문화권에서 남녀노소 누구나 경험하는 보편적인 감정이다. 연구에 따르면 대부분의 사람들은 적어도 일주일에 한 번은 노스탤지아를 느낄 정도로 노스탤지아는 일상적인 동시에 정서적으로 유익한 경험이다. 아주 이성적인 사람도, 행복한 사람도, 젊은 사람도 예외는 아니다.

앞서 이야기했듯, 노스탤지아를 불러일으키는 기억은 인생에서 중요한 사건에 관한 것이 많지만 평범한 일상과 관계된 것도 많다. 아버지의 미소, 운동장에서 뛰놀던 기억, 대학 시절의 어느 날, 반려동물과 함께 보낸 시간, 오래 간직해

온 작은 물건 하나. 이처럼 작고 소소한 대상들이 때로는 마음에 깊은 울림을 준다. 노스탤지아는 그만큼 특별하면서도 일상적인 감정이다.

그러니 이제는 안심해도 좋다. 마음껏 과거를 그리워하자. 그것은 결코 퇴보나 후회가 아니라 지금의 나를 지탱해 주는 정서적 자산이다.

나는 노스탤지아 성향의 사람인가

　　누군가 나에게 이런 말을 한 적이 있다. "너는 참 취향이 올드해." 실제로 나는 아날로그 방식을 선호하고 손 편지를 즐겨 쓰며 1990년대 음악을 좋아한다. 겉보기엔 단순히 빈티지를 좋아하는 것처럼 보일 수 있지만 나는 그보다 더 깊이 있는 노스탤지아 성향을 지닌 사람이다. 물론 취향도 성격을 반영하지만 정확히 말하면 취향은 성격에서 비롯된 하나의 경향성이다. 그렇기 때문에 노스탤지아는 단순한 취향을 넘어선 하나의 성격적 특성이라고 볼 수 있다. 어떤 사람이 외향적이거나 내향적인 것처럼, 노스탤지아 역시 사람마다 다르게 나타나는 '성격 특질'이다.

심리학에서 성격 특질(personality trait)이란 시간이 흘러도 비교적 안정적이며(stable) 다양한 상황에서도 일관성을 유지하고(consistent) 외부의 영향에도 쉽게 변하지 않는(enduring) 내적인 특성을 말한다. 이러한 성격 특질은 개인의 행동, 태도, 정서, 습관 등을 통해 드러난다. 예를 들어, 외향성이 강한 사람은 말이 많고 새로운 사람들과의 만남에서 에너지를 얻는 반면에 내향적인 사람은 조용한 환경을 선호하고 사회적 활동에서 쉽게 피로해진다.

노스탤지아는 두 가지 측면에서 이해할 수 있다. 하나는 정서적 상태(emotional state)로서의 노스탤지아고 다른 하나는 성격 특질로서의 노스탤지아다. 예컨대 "오늘따라 옛 생각이 나서 옛날이 그리워지네."라고 한다면 이 사람은 정서적 상태로서 노스탤지아를 일시적으로 경험하고 있는 것이다. 반면, 어떤 사람이 평소에도 자주 과거를 회상하고 쉽게 감상에 젖는다면 이는 성격 특질로서의 노스탤지아를 나타낸다. 물론 이 둘은 밀접한 관련이 있다. 노스탤지아 성향이 강한 사람일수록 그런 감정 상태에 더 자주 놓이기 때문이다.

실제로 노스탤지아 경향성(nostalgia proneness)을 측정하는 성격 척도에 따르면, 이 성향의 척도가 높은 사람들은 노스탤지아를 더 가치 있게 여기고 더 자주 경험하며 자서전적 기억(autobiographical memory)을 더 자주 떠올리는 특징을 보인다. 이들은 노스탤지아를 불러일으키는 다양한 트리거(trigger)를 가지고 있으며, 심리적으로 어려운 시기에 노스탤지아를 정서 조절 전략(coping strategy)으로 활용하기도 한다.

모든 사람이 저마다 다른 성격을 지니듯이 노스탤지아 성향에도 개인차가 있다. 내가 남들보다 과거를 더 자주 그리워한다면 그것은 내가 노스탤지아 성향이 강한 사람이라는 뜻이다. 반대로, 특별히 그런 감정을 잘 느끼지 않는다고 해서 문제가 있는 것은 아니다. 어떤 성격이 좋거나 나쁘다고 단정짓기 어려운 것처럼 노스탤지아 성향도 그저 다른 하나의 성격 특질일 뿐이다.

우리는 함께 그리워할 수 있다

때로 우리는 하나의 공동체로서 노스탤지아를 느낀다. 함께했던 추억의 시간을 공유하며 "그땐 그랬지."라는 한 마디로 서로 통하는 것처럼 말이다. 대한민국 국민에게 가장 대표적인 집단 노스탤지아의 사례는 단연 2002년 월드컵일 것이다. 5월 말부터 6월 말까지 한국과 일본에서 공동 개최된 이 축제는 온 국민이 전무후무하게 하나 되어 축구에 빠져들게 했다. 개최국이라는 특별한 상황 속에서 한국 사회는 모든 관심과 일상이 축구를 중심으로 돌아갔다고 해도 과언이 아니다.

남녀노소는 물론이고 정치적 성향이나 지역이나 종교

를 막론하고 사람들은 거리로 나와 하나 된 목소리로 선수단을 응원했다. 장례식장, 교도소, 군부대, 사찰 등 평상시엔 스포츠 경기의 응원과 무관할 것 같은 공간에서도 뜨거운 함성이 울려 퍼졌다. 이 경험은 단순한 스포츠 이벤트를 넘어 현대 한국 사회에 깊은 흔적을 남긴 사회문화적 사건이 되었다. 세대 구분의 기준, 곧 2002년 월드컵을 겪은 세대와 그렇지 않은 세대로 나뉠 만큼 큰 의미를 지닌 강력한 경험이었다.

얼마 전, 나는 동네 이웃들과 2002년 월드컵 이야기를 나눈 적이 있다. 우리는 서로 알게 된 지 오래되지 않았고 자라온 배경도, 나이도, 직업도 모두 다른 엄마들이었다. 그럼에도 불구하고 '2002년'이라는 화두를 중심으로 대화를 나누자 모두가 눈을 반짝이며 그 시절을 그리워하고 공감하며 즐거워했다. 어떤 이는 대학생으로 거리 응원에 나갔고, 또 다른 이는 고등학생이어서 독서실에서 함성 소리를 들었다고 했다. 나는 당시 캐나다에 살고 있었는데 한국에서 어머니가 사다주신 "Be the Reds"가 적힌 티셔츠를 입고 학교 앞에서 사진을 찍었다. 그 사진을 이웃들과 함께 보며 추억에 잠겼다. 우리의 위치와 경험은 달랐지만 모두 각자의 방식으로 그 시절을 함께 그리워하고 있었다. 심지어 처음 보는 낯선 사람과도 월드컵 이야기를 나누면 단번에 그 시절로 함께 시간 여행을 떠날 수 있을 것이다.

이것이 바로 집단 노스탤지아(collective nostalgia)의 힘이다. 앞서 살펴본 개인적 노스탤지아가 자신을 중심으로 한 자서전적 기억에 기반한 것이라면 집단 노스탤지아는 특정 시대와 사건을 공유한 불특정 다수의 사람들이 함께 느끼는 정서다. 이 정서는 단순한 회상을 넘어 집단을 결속하는 힘이 있다.

하지만 이 힘에는 양면성이 존재한다. 집단 노스탤지아는 내집단(ingroup)에 대한 지지와 충성심, 집단 행동, 심지어 집단 죄책감까지 강화할 수 있다. 동시에 외집단(outgroup)에 대해서는 거부감이나 소외감을 불러일으킬 위험성이 있다. 월드컵 당시 우리가 하나 되어 대한민국을 응원한 그 열기 속에는 상대 팀을 향한 경쟁심과 감정적 거리감도 공존하고 있지 않았던가.

우리는 없던 과거도 그리워할 수 있다

개인적 노스탤지아(personal nostalgia)는 이미 지나간 자신의 과거를 그리워하는 마음이다. 그런데 개인이 경험하지 않았거나 아예 존재하지 않은 과거를 그리워하는 것이 가능할까? 답은 그렇다이다. 우리는 오래된 물건을 보며 내가 존재하지 않았던 그 시절에 대해 궁금함과 동시에 알 수 없는 그리움을 느낄 수 있다. 이것이 바로 역사적 노스탤지아(historical nostalgia)다.

역사적 노스탤지아는 역사와 다르다. 역사는 사실을 기반으로 과거에 일어났던 일을 교육하는 것이 목적이라면 역사적 노스탤지아는 내가 존재하지 않았던 과거에 정서적으로 가까움을 느끼는 것을 말한다. 예를 들어, 사극 드라마를 보는 시청자 대부분은 그 시대에 살지 않았음에도 불구하고 연출된 그 시대를 보며 공감하고 그리움을 느낀다. 이러한 시대물 드라마는 그 시대에 대한 애착과 연민을 불러일으켜 드라마에 더욱 몰입하게 하고 깊은 애정을 갖게 만든다.

역사적 노스탤지아가 우리 문화 속에 깊이 자리 잡고 있다는 사실을 알고 있는가? 앞서 언급한 시대극뿐만 아니라 장수 TV 프로그램인 <진품명품>, 앤티크 가구, 빈티지숍에서 발견하는 오래된 물건에 정서적 가치와 의미를 부여하는 것 또한 역사적 노스탤지아 현상이다. 특히 2010년대 중반에 대유행한 '뉴트로(Newtro)'도 역사적 노스탤지아 현상이라고 볼 수 있다. 뉴트로란 '뉴(new)'와 '레트로(retro)'를 합친 신조어다. 레트로가 과거의 모습을 그대로 재현하는 데 중점을 둔다면 뉴트로는 과거의 모습을 현대적으로 복원해 '새로운 과거'를 표현하는 것이다.

레트로가 1990년대 이전에 살았던 사람들에게 그 시절의 추억을 떠올리게 했다면 뉴트로는 1990년대 이후에 출생하여 그 시기를 경험하지 못한 MZ 세대에게도 그 시대의 감성을 전달한다는 점이 다르다. 뉴트로가 대유행한 덕분에 금테 안경, 네온사인, 리메이크된 노래, 골동품 등이 젊은 세대 사이에서도 복고 감성으로 통했다. 기업들은 이러한 뉴트로 흐름을 타고 마케팅을 했는데 결과는 매우 성공적이었다. 한 예로, 2019년 하이트진로는 1970~80년대에 사용했던 푸른색 라벨과 두꺼비 캐릭터를 재현한 '진로이즈백'을 출시했다. 진로이즈백은 뉴트로 마케팅 덕분에 엄청난 성공을 거두었으며 출시 72일 만에 1천만 병, 7개월 만에 1억 병을 판매하여 뉴트로 마케팅의 대표적인 성공 사례가 되었다. 이처럼 뉴트로가 노스탤지아의 아름다웠던 과거를 추억하는 사람들의 심리를 자극하자 관련 업계에서는 '부흥했던 그 시절(the good old days)'의 패션, 디자인, 음악 등을 현대적으로 재현함으로써 젊은 세대의 마음을 사로잡고 동시에 경제적으로도 큰 성공을 거두었던 것이다.

오늘은 내일의 내가 그리워할 어제다

학창 시절에 친구들과 타임캡슐을 묻어본 적이 있는가? 그런 장면을 영화나 책을 통해 한 번쯤은 본 적이 있을 것이다. 타임캡슐을 묻는 것은 미래의 나에게 보내는 편지를 담아 보관한 뒤, 먼 훗날 열어보는 의식이다. 무엇을 담고 어떤 말을 전할까? 아마도 지금 가장 소중한 순간을 담아 미래의 나에게 전하고 싶을 것이다. 왜냐하면 이 순간들이 언젠가는 분명히 그리워질 것임을 알고 있기 때문이다.

이러한 감정은 특히 아이를 키울 때 자주 찾아온다. 아이는 매일매일 달라지고 자란다. 그래서 부모는 종종 '이 순간이 멈췄으면 좋겠다'는 생각을 하게 된다. 시간이 흐르면 다시는 돌아오지 않을 것을 알기 때문이다. 이처럼 '그리울 마음'이란 지금의 순간이 지나고 나면 언젠가 그리워질 것임을 미리 아는 감정이다. 예를 들어, 아이가 처음 "엄마!"라고 부른 날, 작은 손으로 내 손을 꼭 잡아줄 때 느낀 온기, 함께 보낸 평범하지만 찬란한 일상 속 순간들, 그 모든 것이 훗날 그리워질 것임을 우리는 안다. 그래서 많은 부모들이 이렇게 말한다. "아이가 천천히 컸으면 좋겠어요."

심지어 힘든 순간에도 우리는 "나중에 보면 다 추억일 거야."라고 말한다. 이는 두려움이나 후회라기보다 오히려 지금 이 순간을 더욱 소중히 여기려는 마음이다. 연구에 따르면, 미래에 이 순간이 그리워질 것이라는 생각이 들 때 사람들은 그 순간을 더 깊이 음미하게 된다고 한다. 이러한 감정은 육아의 고단함 속에서 부모가 버틸 수 있는 힘이 되기도 한다. 너무 피곤하고 힘든 날에도 '이 순간이 추억이 될 것'이라는 마음은 감사함과 감격을 불러일으키며 더 따뜻하고 덜 버거운 대처 전략이 되어 준다.

하지만 그리움이 아이 키우는 시기에만 국한되는 것은 아니다. 노스탤지아 연구의 중심 기관 중 하나인 사우샘프턴 대학교(University of Southampton)의 청(Cheung, 2020)과 연구팀은 미국인과 영국인을 대상으로 한 조사에서 응답자의 90%가 최소 한 가지 이상의 '그리운 순간'을 경험한 적이 있다고 보고하였다. 그중 가장 많은 응답자가 얘기한 순간은 역시 아이와 함께 보낸 시간이었다. 그 외에 사랑하는 사람과 함께한 시간, 오랜 꿈이 이뤄졌을 때, 이사, 여름휴가, 부모님과의 마지막 여행 등도 모두 그리움의 순간으로 꼽혔다.

이처럼 '그리울 마음'은 단지 현재를 더 음미하게 할 뿐 아니라 현재를 더 즐기고 감사하게 만들며 미래를 긍정적으로 바라보게 해준다. 그러니 오늘을 살아가는 우리에게 필요한 것은 '후회 없는 현재'를 사는 것이 아니라 기꺼이 그리워할 수 있는 오늘을 사는 것이 아닐까 싶다.

Activity 1

노스탤지아 성향 테스트

다음 문장들을 읽고, 각 문장이 당신에게 얼마나 잘 맞는지 판단해 보세요.
아래 척도에서 가장 잘 해당하는 숫자에 동그라미를 쳐 주세요.

빈도 테스트   아래의 행동들을 얼마나 자주하나요?

---

1. **나는 과거의 기억을 아름답게 되새긴다.**

거의 하지 않는다			보통이다			매우 자주 한다
1	2	3	4	5	6	7

2. **나는 추억이 담긴 물건을 들여다보며 회상한다.**

거의 하지 않는다			보통이다			매우 자주 한다
1	2	3	4	5	6	7

3. **나는 과거의 시간이나 장소를 그리워한다.**

거의 하지 않는다			보통이다			매우 자주 한다
1	2	3	4	5	6	7

4. **나는 가족이나 친구들과 함께한 경험을 떠올린다.**

거의 하지 않는다			보통이다			매우 자주 한다
1	2	3	4	5	6	7

5. **나는 어린 시절을 떠올린다.**

거의 하지 않는다			보통이다			매우 자주 한다
1	2	3	4	5	6	7

빈도 총점 :

중요도 테스트 아래의 행동들이 당신에게 얼마나 중요한가요?

1. 나는 과거의 기억을 아름답게 되새긴다.

전혀 중요하지 않다			보통이다			매우 중요하다
1	2	3	4	5	6	7

2. 나는 추억이 담긴 물건을 들여다보며 회상한다.

전혀 중요하지 않다			보통이다			매우 중요하다
1	2	3	4	5	6	7

3. 나는 과거의 시간이나 장소를 그리워한다.

전혀 중요하지 않다			보통이다			매우 중요하다
1	2	3	4	5	6	7

4. 나는 가족이나 친구들과 함께한 경험을 떠올린다.

전혀 중요하지 않다			보통이다			매우 중요하다
1	2	3	4	5	6	7

5. 나는 어린 시절을 떠올린다.

전혀 중요하지 않다			보통이다			매우 중요하다
1	2	3	4	5	6	7

중요도 총점 :

점수 계산법

빈도와 중요도 응답 점수를 모두 더한 후,
아래의 점수 범위표에서 자신의 노스탤지아 성향을 확인해 보세요.

노스탤지아 성향 테스트 점수 = 빈도 + 중요도 =

21점 이하 "나는 그리움의 'ㄱ' 자도 몰라요."

과거보다는 지금 이 순간이 더 중요하다. 향수를 거의 느끼지 않으며 지나간 일에 감정을 오래 두지 않는다. 현실에 집중하는 삶이 익숙하다.

22-33점 "어렴풋이 그랬던 것 같기도…"

가끔 오래된 사진이나 익숙한 멜로디에 마음이 살짝 흔들릴 때가 있지만, 금세 현재로 돌아온다. 추억은 가끔 지나가는 바람일 뿐.

34-45점 "좋은 기억은 조용히 미소 짓게 해요."

추억을 소중히 여기며 마음 한켠 따뜻함을 느끼지만 거기에 오래 머무르지는 않는다. 나는 과거와 현재 사이에서 균형을 유지하며 살아간다.

46-57점 "추억은 내 감성의 재료예요."

과거의 기억을 자주 되새기며, 그 감정을 나만의 방식으로 잘 정리해두고 있다. 플레이리스트 속 오래된 노래, 어릴 적 사진 한 장도 나를 다시 숨 쉬게 하는 감정의 통로가 된다. 과거는 감성의 배경으로 현재가 더 풍부해 진다.

58점 이상 "나는 노스탤지아 그 자체입니다."

과거는 단순한 기억이 아니라 살아 있는 감정이다. 어린 시절의 냄새, 첫사랑의 장면, 익숙한 풍경들. 지금도 마음 깊은 곳에서 숨 쉬고 있다. 때로는 오늘보다 어제가 더 선명하게 느껴질 때도 있다.

Chapter 2.
무엇이 우리를 그립게 만드는가

노스탤지아 트리거

노스탤지아 트리거

노스탤지아를 자극하는 경로는 무궁무진하다. 노스탤지아를 불러일으키는 기억들은 개인의 경험에서 비롯된 자서전적 기억(autobiographical memory)이다. 그러나 우리가 겪는 모든 일이 자서전적 기억으로 남는 것은 아니다. 자서전적 기억으로 남느냐 아니냐는 그 대상이나 사건이 자신과 얼마나 연관성이 있는지에 달려 있다. 아주 평범한 하루의 기억도 어떤 사람에게는 특별한 자서전적 기억으로 남을 수 있으며 아주 큰 사건이라도 어떤 사람에게는 의미 없는 기억이 될 수 있다.

이처럼 노스탤지아를 유발하는 기억들이 지극히 개

인적이고 다양한 만큼 이러한 기억들을 떠오르게 하는 트리거 역시 매우 개인적이다. 이 트리거는 친구와 옛 시절의 이야기를 나누거나 옛 사진을 보면서 우리의 의식적인 수준(explicit/conscious level)에서 작동하기도 하고, 때로는 무의식적인 수준(implicit/unconscious level)에서 작동하기도 한다. 젊은 시절에 쓰던 향수, 엄마가 해주던 음식, 옛 유행가, 연인과 함께 갔던 여행지 등 우리는 모두 지난 시절을 떠오르게 하는 트리거 하나쯤은 가지고 있을 것이다.

이유 없는 그리움

시각(視覺): 사진

우리가 과거의 사진을 보며 그때를 그리워하면 우리 뇌 속의 작은 타임머신이 우리를 그 시간으로 데려가 준다. 우리는 생각으로 과거와 미래를 오가는 시간 여행(mental time travel)을 할 수 있다. 이러한 머릿속 시간 여행이 가능한 것은 장기 기억을 담당하는 대뇌 측두엽의 해마(hippocampus) 덕분이다. 해마는 우리가 과거를 회상하고 미래를 상상할 수 있게 해주는 대표적인 뇌 영역이다.

실제로, 기능적 자기공명영상법(fMRI)을 사용한 실험에서 사람들이 사진을 보고 노스탤지아를 느낄 때 뇌 활동을 관찰한 결과가 있다. 실험 참가자들에게 노스탤지아를 자극하는 사진(그들의 어린 시절을 떠올리게 하는 물건이나 장면)과 노스탤지아를 자극하지 않는 사진(어린 시절과 전혀 관계없는 사진)을 보여주며 그들의 뇌 활동을 확인해 보았다. 그 결과, 실험 참가자들이 노스탤지아를 자극하는 사진을 볼 때 해마의 활동이 더욱 활발해진 것을 발견했다. 이 결과는 노스탤지아를 불러일으키는 사진을 볼 때, 우리의 뇌가 그때 그 시간으로 우리를 데려가 다시 체험하게 해준다는 것을 증명한다.

물론, 해마는 노스탤지아를 처리하는 복잡한 뇌 기능 중 극히 일부일 뿐이다. 아직 노스탤지아에 대한 뇌 연구가 활발히 진행되고 있지는 않지만 확실한 것 중의 하나는 사진 한 장만으로도 우리는 언제 어디서나 마음속 시간 여행을 떠날 수 있다는 것이다.

노스탤지아를 불러일으키는 시각적 자극은 사진 뿐만이 아니다. 졸업 선물로 받은 시계, 프로포즈 반지, 첫 면접 때 입은 정장처럼 오래된 물건을 통해서도 노스탤지아를 느낄 수 있다. 이러한 물건들은 과거의 나와 현재의 나를 연결해 주는 매체 역할을 하는 연결 고리(associative link)이다.

나는 20대 초반에 유럽으로 배낭여행을 간 적이 있다. 두 달 동안 한 켤레의 신발로 방방곡곡을 걸었는데 그 여행을 다녀온 지 15년이 지난 지금도 그 신발을 버리지 못하고 있다. 매번 신발장을 정리할 때마다 바닥이 너덜너덜해진 그 신발을 꺼내 들고서 그 당시 걸었던 길을 떠올리며 추억 여행을 하고 결국 다시 제자리에 넣기를 수없이 반복했다. 이렇게 오래된 물건을 정리할 때, 우리에게 더는 쓸모가 없음에도 불구하고 버리지 못하는 경우가 있다.

엄마가 물려주신 그릇, 첫 신혼 때 샀던 가구, 신입 사원 때 신던 구두처럼 이제는 사용하지 않지만 그 물건에 담긴 추억 때문에 매번 버리지 못하고 제자리에 고스란히 다시 넣어 두곤 한다. 누군가에게는 이런 행동이 비이성적이거나 미련해 보일지 모르지만 그 물건에 담긴 값을 매길 수 없는 추억을 고려하면 버리지 못하는 게 당연하다. 그러니 오늘도 청소를 하다가 옛 물건을 버리지 못하고 고스란히 서랍장 속에 다시 넣어 두었다면 자책하지 말고 소중한 추억 여행을 다녀왔다고 생각해보자.

후각(嗅覺): 향기

후각은 인간뿐 아니라 모든 생명체에게 있어 생존과 밀접한 감각이다. 우리는 맛있는 냄새나 좋아하는 이성의 향기를 맡으면 설레고, 반대로 불쾌하거나 위협적인 냄새는 희미하게 감지되어도 인상을 찌푸린다. 이처럼 후각은 단순한 감각을 넘어 강력한 정서적 반응을 유발하며 기억에도 깊숙이 관여한다. 우리가 특정한 향기를 기억하는 이유는 그 향기 자체만이 아니라 그 향기에 얽힌 감정과 상황이 함께 뇌에 저장되기 때문이다.

향기 분자가 코를 통해 들어오면, 후신경구(olfactory bulb)를 지나 뇌신경을 거쳐 대뇌변연계(limbic system)로 전달된다. 이 과정에서 기억을 담당하는 해마(hippocampus)와 감정을 조절하는 편도체(amygdala)가 함께 작동해 향기를 경험하는 당시의 정서적 기억을 통합적으로 저장한다. 그리하여 같은 향기를 다시 맡게 되면, 우리는 단지 냄새만이 아니라 그때의 감정도 떠올리는 것이다.

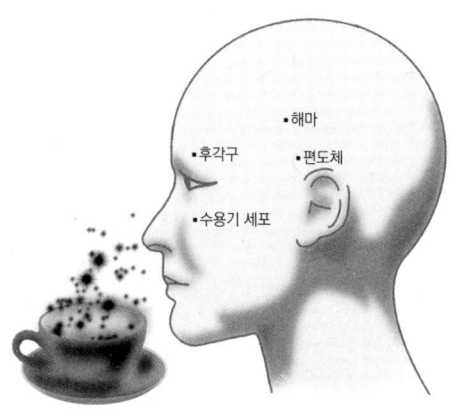

이러한 후각의 작용은 '프루스트 효과(Proust Effect)'라고 불리는 심리학적 현상으로도 설명된다. 이는 프랑스 작가 마르셀 프루스트(Marcel Proust)의 소설 『잃어버린 시간

을 찾아서』에서 유래한 개념이다. 주인공 마르셀이 마들렌을 홍차에 적시는 순간, 어린 시절에 숙모가 주었던 마들렌의 기억이 되살아나며 이야기가 본격적으로 시작된다. 한 조각의 과자가 주인공을 과거로 이끄는 시간의 열쇠가 된 것이다.

    사람들은 저마다 자신의 '마들렌'을 하나쯤 갖고 있다. 특정한 향을 맡는 순간, 잊고 지냈던 기억이 불쑥 되살아나고 그 향기를 따라 무의식적으로 과거로 여행을 떠나게 된다. 나에게도 그런 마들렌이 있다. 나는 유년 시절을 캐나다의 작은 마을에서 보냈다. 평화롭지만 조금은 심심했던 그곳에서 나는 가장 친한 친구와 함께 동네를 걷곤 했다.

    그 마을의 집 대부분은 반지하에 지하실이 있었고, 그 지하실엔 세탁기와 건조기가 있어 창문을 통해 하얀 연기가 피어 오르곤 했다. 그때마다 빨래 냄새가 골목을 가득 채웠고 우리는 그 세탁 세제 냄새를 유난히 좋아했다. 종종 향기를 따라 연기가 나는 집들을 찾아다니기도 했다. 그로부터 수십 년이 지난 어느 날, 향초 가게에서 '클린 코튼(Clean Cotton)'이라는 향을 맡은 순간, 나는 이내 그 시절로 돌아갔다. 빨래 냄새 속에 묻어 있던 친구와의 추억이 마음 깊은 곳에서 되살아났다. 지금도 울적한 날이면 그 향을 맡으며 잠시 유년 시절로 떠나곤 한다.

이처럼 향기는 말 없이도 마음속 깊은 기억을 꺼내 주는 열쇠다. 오래된 물건처럼 향기도 시간과 감정을 보관하는 하나의 저장소가 될 수 있다. "당신의 마들렌은 무엇인가요?"라는 질문에 누구나 대답할 수 있는 향기가 아마 하나쯤은 있을 것이다.

이와 관련된 흥미로운 연구가 있다. 사회심리학자 리드(Reid)와 동료들이 2015년에 진행한 실험에 참가한 미국 대학생 160명 중 대부분은 특정한 향이 노스탤지아를 유발한다고 보고했다. 대표적인 향으로는 펌킨 파이 스파이스, 샤넬 No.5 향수, 라벤더 꽃, 베이비 파우더, 세탁 세제, 애플 파이, 에그노그, 바다 냄새, 장미, 카푸치노 등이 있었다.

물론 이 목록은 당시 미국 대학생들의 어린 시절인 2000년대 초반을 반영한 것이므로 문화나 세대에 따라 그리움을 유발하는 향은 달라질 수 있다. 그러나 이 연구는 하나의 중요한 통찰을 준다. 바로, 향수(鄕愁)는 향수(香水)로부터 시작될 수 있다는 것이다.

미각(味覺): 음식

소울 푸드란 말 그대로 '영혼의 음식' 또는 '고향의 음식'이다. 소울 푸드는 미국 남부 아프리카계 미국인의 문화에서 비롯되었으며, 노역 시절 고향 아프리카의 식재료와 당시 구할 수 있는 한정된 재료들을 섞어 만든 음식에서 출발했다. 처음에는 하층 계급과 노예제도의 산물이라는 부정적인 이미지가 있었지만, 시간이 흐르면서 소울 푸드는 아프리카계 미국인의 자긍심과 정체성을 상징하는 음식으로 자리 잡았다. 오늘날에는 인종과 문화를 넘어 누구에게나 하나쯤 있는 '그리운 음식', 즉 소울 푸드 혹은 컴포트 푸드(comfort food)로 널리 받아들여지고 있다.

한국인에게도 이러한 정서가 담긴 소울 푸드가 있다. 대표적인 예가 바로 부대찌개다. 6·25 전쟁 당시 군부대에서 남은 햄과 보급품에 양념을 더해 끓인 찌개로부터 유래한 이 음식은 전쟁 후 배고프고 피폐했던 시절을 견디게 해주었다. 그렇게 시작된 부대찌개는 이제 선진국이 된 오늘날의 한국에서도 여전히 사랑받고 있으며 프랜차이즈화되어 해외로까지 퍼진 한국의 대표 음식이다.

사람들은 이런 음식을 찾아 백반집에 가고 고향의 향수를 담은 식당을 찾아간다. 음식 그 자체뿐 아니라 메뉴 이름부터 인테리어, 음악까지 온통 옛 감성을 자극하는 공간이 많아졌다. 분홍 소시지가 들어 있는 추억의 도시락이나 낡은 전축이 돌아가는 레트로 바에서 우리는 단지 음식을 먹는 것이 아니라 추억 속 장면을 맛보는 경험을 한다. 그 공간과 음식이 우리를 과거로 데려가는 타임머신인 셈이다.

음식 역시 향기처럼 노스탤지아를 자극하는 강력한 감각 자극이다. 리드(Reid)와 동료들의 2022년 연구에 따르면, 미국 대학생들이 가장 많이 노스탤지아를 느끼는 음식으로는 집에서 구운 쿠키, 수박, 땅콩버터 젤리 샌드위치, 아이스크림, 마카로니 앤 치즈, 구운 치즈 샌드위치 등이 꼽혔다. 만약 이 연구가 한국에서 진행되었다면 엄마가 끓여준 된장찌개, 방과 후에 친구들과 먹은 떡볶이, 여름을 식혀 준 팥빙수 같은 음식이 상위에 올랐을 것이다.

이러한 노스탤지아 음식에서 가장 빠질 수 없는 것은 단연 엄마 밥일 것이다. 엄마는 우리가 처음 만나는 세상이자, 가장 기본적인 심리적 기반(psychological base)이다. 우리는 엄마의 품과 음식을 통해 따뜻함, 돌봄, 관대함 같은 관계 속의 정서를 배우며 자란다. 그리고 성인이 되어 외롭고 힘든 순간에, 그때 먹었던 엄마 밥은 세상 무엇보다 큰 위안이 된다.

나에게도 엄마 밥은 특별한 의미가 있다. 어릴 적, 나는 캐나다의 작은 마을에서 유년기를 보냈다. 그곳의 주민은 백인이 주류였고, 당시 한국은 낯선 나라였다. 외부로부터 이질적인 존재였던 나는 엄마가 해준 밥과 국, 반찬을 통해 내가 누구인지 잊지 않을 수 있었다. 엄마 밥은 내 정체성과 삶의 뿌리를 지켜주는 든든한 기반이었다.

지금도 그때 엄마가 해준 음식을 다시 먹을 때면 이민자로서 보낸 낯설고 고단했던 그 시절이 떠오른다. 당시의 엄마 밥은 새로운 땅에 어렵게 적응해 가는 어린 딸에게 큰 힘이 되었고, 지금은 한국에 돌아온 내가 다시 적응해 가는 삶 속에서 또 한 번 나를 붙잡아 주는 힘이 된다. 집을 떠나 있는 수많은 사람들에게 가장 그리운 음식이 무엇이냐고 묻는다면 아마 많은 이들이 이렇게 답하지 않을까. "엄마 밥이요."

어쩌면 훗날 엄마가 이 세상에 계시지 않게 되더라도 엄마가 해주신 음식과 같은 것을 어느 날 우연히 마주하게 된다면 나는 그 따뜻한 밥상에 앉아 엄마의 품을 떠올리며 아마도 많이 웃고 또 많이 울게 될 것이다.

청각(聽覺): 음악

우리는 태어나는 순간부터 생의 마지막까지 소리에 반응한다. 의식이 없는 무의식의 상태에서도 우리는 소리에 반응하며 살아간다. 그만큼 청각은 인간에게 가장 원초적이고도 지속적인 감각이다. 특별한 노력을 기울이지 않아도 우리는 소리를 들으며, 익숙하거나 듣고 싶은 소리에는 자동적으로 주의를 기울인다. 누군가를 기다리다가 들린 내 이름, 낯선 외국 거리의 어디선가 들려오는 한국어, 신생아실에서 들려오는 내 아이의 울음소리처럼 우리는 무의식 깊은 곳에서 특정한 소리에 민감하게 반응한다.

이러한 특성 때문에, 우리 마음 깊숙이 묻혀 있던 옛

추억과 함께 저장된 어린 시절의 멜로디와 가사는 단숨에 시간을 멈추게 만들 정도로 강력하다. 길을 걷다가 우연히 들려오는 옛 노래 한 소절 혹은 가게 안에서 흐르는 노래 하나가 우리를 멈추게 하고 감정의 파동을 일으킨다. 그래서인지 과거의 인기 곡이 리메이크되어 다시금 사랑받는 일은 그리 드문 일이 아니다.

특히 우리는 청소년기에 들었던 노래에 강한 노스탤지아를 느낀다. 첫사랑과 함께 들었던 발라드, 좋아하던 스포츠 팀의 응원가 혹은 딱히 특별한 사건이 담겨 있지 않더라도 그 시절에 자주 흘러나오던 드라마 주제곡, 광고 음악, 유행가 한 곡만으로도 우리는 그 시절의 공기와 감정을 생생하게 떠올릴 수 있다.

저명한 사회심리학자인 콘스탄틴 세디키디스(Constantine Sedikides)의 여러 연구에 따르면, 음악이 유발하는 노스탤지아는 정서적으로나 인지적으로 긍정적인 효과를 가져온다. 음악을 통해 떠올리는 추억 속 '그때의 나'는 사랑받았고 찬란했고 소중했던 존재다. 그 기억은 자신을 다시 사랑하게 만들고 사람들과의 따뜻한 관계를 되새기게 하며 삶의 의미를 다시 발견하게 해준다.

음악은 개인을 넘어서 관계에도 강한 영향을 준다. 연인 간의 '우리만의 노래(couple-defining song)'가 대표적이다. 한때는 커플이 함께 휴대전화의 연결음을 맞추거나 싸이월드 배경음악을 공유하던 시절이 있었다. 혹은 노래방에서 만나면 꼭 부르던 커플 테마 곡이 있었을지도 모른다. 관계심리학자 해리스(Harris)와 동료들의 2020년 연구 결과에 따르면, 현재 파트너가 있는 200명의 실험 참가자 중 60프로 이상의 참가자가 우리만의 노래가 있다고 보고했다. 특히나, 이런 우리만의 노래를 가지고 있는 참가자들은 결혼을 했다고 보고했다. 즉, 많은 연인들이 실제로 자신들만의 노래를 가지고 있으며, 특히 결혼한 커플일수록 이러한 노래를 공유하는 경향이 크다고 볼 수 있다.

이러한 '우리만의 노래'는 단순한 음악이 아니라 공동의 정체성(collective identity)이자 공유된 감정의 기록이다. 그 노래는 연인들만의 시간을 떠올리게 하고 함께한 기억을 소환하며, 들을 때마다 사랑과 행복 그리고 노스탤지아를 불러일으킨다.

연인 사이에 거리가 생기고 마음이 서먹해질 때가 있다. 사소한 오해로 언짢아지고 바쁜 일상 때문에 서로를 놓치기도 한다. 그런 날엔 무슨 말을 하는 대신 조용히 '우리의 노래'를 틀어보자. 익숙한 멜로디 한 소절이 그 어떤 말보다 더 따뜻하게, 더 강하게 우리를 다시 이어줄지도 모르니까.

장소: 추억이 머무는 공간

통계청에 따르면, 한국인의 평균 거주 기간은 약 7.7년이다.[1] 우리가 80년을 산다고 가정하면 평생에 걸쳐 적어도 10번 이상은 이사를 하게 된다는 뜻이다. 게다가 국내 이사뿐 아니라 이민, 유학, 파견 등 다양한 이유로 삶의 터전을 바꾸는 일도 흔하다. 이렇게 새로운 장소에 적응하며 살아가다 보면 그 공간에도 자연스럽게 마음이 붙는다. 그런데 재미있는 사실은, 꼭 오래 거주한 곳이 아니더라도 잠시 머물렀던 공간, 예컨대 주말마다 들렀던 할머니 댁, 자주 가던 식당, 며

---

[1] 전국 2만 가구를 대상으로 개별 면접해 조사한 2016년도 주거실태조사를 보면 전체 가구의 평균 거주 기간은 7.7년으로, 자가 가구는 10.6년, 임차 가구는 3.6년이었다.

칠 머물렀던 여행지에도 우리는 애착을 느낀다는 것이다. 마치 바람이 스치고 간 자리에 흔적이 남듯이 우리도 그 자리에 감정을 남긴다.

어릴 적 살던 동네를 다시 찾아가 보면 골목 어귀에서 친구들과 뛰놀던 어린 시절의 내가 떠오른다. 모교를 찾아가면 복도에 울려 퍼지던 종소리와 함께 학창 시절의 기억이 되살아난다. 그리고 첫 신혼집이 있었던 곳에 가면 어설프지만 설렘 가득했던 우리의 모습이 아련히 그려진다. 노래 <광화문 연가>의 가사 중 이런 구절이 있다.

"향긋한 오월의 꽃향기가 가슴 깊이 그리워지면,
눈 내린 광화문 네 거리
이곳에 이렇게 다시 찾아와요."

사람들은 세월이 흐르고 나이가 들어도 마음속에 여전히 한 장소를 품고 살아간다. 그곳은 변했을지라도 그 장소에 담긴 감정은 여전히 그대로다. 그렇다면 당신의 '광화문'은 어디인가?

우리 엄마에게 그곳은 종로다. 엄마는 서울 종로에서 태어나 결혼할 때까지 그곳에서 살았다. 나는 가끔 엄마에게서 그 시절 이야기를 들었다. 산을 넘으며 등하교를 했던 일, 버스비를 아껴 핫도그를 사 먹었던 일, 지금은 사라진 다방과 골목길 이야기까지. 그 거리와 가게, 이름 모를 사람들의 이야기가 엄마의 추억 안에서 생생히 살아 숨쉰다.

물론 지금의 종로는 많이 달라졌다. 건물은 새로 들어섰고 익숙한 골목은 사라졌다. 주요 지형지물도 변했고 거리의 이름도 바뀌었다. 그럼에도 불구하고 엄마는 그곳에 가면 마치 시간 여행을 하듯 어린 시절로 돌아간다. 나는 종종 엄마와 대학로 근처에서 만나 '여기는 옛날에 뭐가 있었고 이 골목은 원래 어땠다'는 이야기를 한참 듣는다. 그렇게 추억 속을 한참 거닌 엄마의 표정은 언제나 조금 더 밝아져 있었다.

그 순간 나는 노스탤지아의 힘을 다시금 느낀다. 그리움은 단지 감상이 아니라 사람을 회복시키는 힘이기도 하다는 것을.

추억 이야기

추억 이야기

우리는 옛날 이야기를 나눌 때, 단지 사건만 떠올리는 것이 아니다. 그 시절의 공기, 냄새, 온도, 습도, 색감까지도 마치 눈앞에 그려지듯 생생하게 되살아난다. 누군가에게는 말 그대로 시간 여행이 된다. 이처럼 과거의 이야기를 나누는 것은 노스탤지아를 일으키는 강력하고 직접적인 방식 중 하나다.

실제로 사회심리학 연구에서도 추억 이야기는 노스탤지아 유발 방법으로 자주 활용되며 이는 과학적으로 입증된 방법이다. 그중 대표적인 것이 바로 사건 떠올리기 과제(Event Reflection Task)다. 연구 절차는 다음과 같다. 먼저 참가자들에게 노스탤지아의 정의를 "노스탤지아란, 자신의 과거를 그리워하는 마음 또는 자신이 소중하게 여기는 과거에 대한 기억이다."라고 알려준다. 그런 다음, 자신의 삶 속에서 노스탤지아를 불러일으키는 특별한 사건을 떠올리게 한다. 그리고 그때의 감정이 얼마나 따뜻하고 감성적이었는지(warm and sentimental)를 글로 묘사하게 한다.

이 과정은 단순한 회상에 그치지 않는다. 참가자들은 과거의 기억을 의식적으로 끌어올리며 당시의 감정에 다시 몰입하게 된다. 그 결과, 실제로 이 과제를 수행한 사람들은 단순히 일상적인 하루를 기록한 통제 그룹에 비해 즉각적으로 더 강한 노스탤지아를 경험했으며 그 효과는 일시적인 수준(state level)을 넘어 이틀 후까지도 지속된다는 것이 밝혀졌다. 이 연구는 우리에게 중요한 시사점을 준다. 노스탤지아는 우연히 찾아오는 감정이 아니라 우리가 의도적으로 소환할 수 있는 감정이라는 것이다.

따뜻했던 과거의 순간을 떠올리며 누군가와 그 이야기를 나누거나 스스로 조용히 그때를 적어 내려가는 것만으로도 우리는 깊은 위안을 얻고 감정적으로 회복될 수 있다.

바쁜 일상에 지치고 마음이 메마르게 되는 날, 잠시 시간을 내어 내가 사랑했던 순간을 떠올려 보자. 그 기억이 나를 다시 단단하게 만들어 줄지도 모른다.

동창회

누구나 노스탤지아를 마음껏 즐길 수 있는 자리가 있다. 바로 동창회 또는 동문회다. 이 모임은 말 그대로 노스탤지아를 위한 무대라 해도 과언이 아니다. 그 시절의 주인공들이 한자리에 모여 시간이라는 문을 열고 다시 과거로 돌아가는 자리이기 때문이다.

"너, 그때 그랬잖아."
"그때 생각나?"

이런 말 한마디면 순식간에 수십 년 전으로 이동한다.

한 사람이 던진 추억의 단서 하나가 모두의 기억을 일깨우고 웃음과 이야기, 감정이 함께 피어나게 한다.

이처럼 함께 나누는 노스탤지아, 즉 관계적(interpersonal) 또는 집단적(collective) 노스탤지아는 개인적으로 느끼는 것보다 훨씬 더 강력하다. 사회심리학에서는 이를 '위 셰어링(We-sharing)' 노스탤지아, 즉 '우리'로 함께 회상하는 정서적 경험이라고 설명한다.

기본적으로 인간은 공유된 감정을 통해 정서를 증폭한다. 맛있는 초콜릿을 함께 먹으면 더 달고, 맛없는 초콜릿을 함께 먹으면 더 쓰게 느껴진다. 같은 경험도 함께할 때 더 진하게 다가온다. 노스탤지아도 마찬가지다. 혼자 회상할 때보다 누군가와 함께 과거를 이야기할 때 감정은 배가 된다. 누군가의 기억이 또 다른 누군가의 기억을 자극하여 마치 릴레이처럼 감정이 연결된다. 한 사람의 기억이 또 다른 사람의 트리거가 되고 그 트리거는 또 하나의 추억을 일깨운다.

그래서 동창회는 단순한 모임이 아니다. 각자가 기억하고 있던 '그 시절의 나'를 꺼내어 다시 확인하고 그 속에서 나를 바라보며 웃고 울 수 있는, 일종의 정서적 거울이 되는 자리다. 그래서일까. 동창회가 끝난 후, 집으로 돌아가는 길은 종종 묘한 여운으로 가득하다. 몸은 다시 현재로 돌아왔지만 마음은 아직 그 시절을 배회하고 있기 때문이다.

그날 밤, 베개에 머리를 뉘면 문득 웃음이 터진다.

"맞아, 그때 내가 그랬지."

이처럼 동창회는 '작정하고 노스탤지아를 즐기는 자리'이며 그 기억은 오래도록 가슴에 따뜻하게 남는다.

군대, 라떼는 말이야

　　군대를 다녀온 사람 중에서 전역 후 군대 이야기를 단 한 번도 꺼내지 않은 사람을, 적어도 나는 본 적이 없다. 군대라는 경험은 참으로 특이하다. 그때로 돌아가고 싶냐고 물으면 대다수는 고개를 젓지만 정작 그 시절을 완전히 잊고 사는 사람도 드물다. 왜일까?

　　군 복무 기간은 젊고 건강한 인생의 황금기 중 일부를 의무적으로 '차출'당해 살아야 하는 시간이다. 이 시간을 아무 의미 없이 보냈다고 생각하면 마치 인생에 커다란 공백이 남는 듯한 허무함이 들기 마련이다. 그래서 사람들은 군 생활이라는 시간에 나름의 의미를 부여하고 그 시간을 견뎌낸 자신을 정당화한다.

노스탤지아는 이런 힘들었던 시간도 다시 쓰게 해주는 정서적 도구다. 고단했던 기억도 그 시절을 '견딘 나'를 회상하면 언젠가부터 달게 느껴진다. 그래서인지 의무 복무였던 대부분의 남성들은 군대에 가기 전보다 다녀온 이후에 군 복무 시간에 대한 평가가 더 후해지곤 한다. 물론 군대에 다시 가라고 하면 얘기는 달라지겠지만 말이다.

이러한 군대 이야기를 두고 이런 농담이 있다. 여성이 가장 싫어하는 이야기 3위는 군대 이야기, 2위는 축구 이야기, 그리고 1위는 군대에서 축구한 이야기라고. 웃기지만 꽤 정확한 통찰이다. 왜냐하면 이 대화 속에서 즐거움을 느끼는 사람은 오직 이야기하는 당사자뿐이기 때문이다. 듣는 사람은 그 경험을 공유하지 못하므로 대화는 공감이 아닌 일방적인 회상이 된다.

이처럼 '아이셰어링(I-sharing),' 즉 '나만의 추억 공유'는 종종 노스탤지아의 부작용을 초래하기도 한다. 직장 상사가 "나 때는 말이야."라며 이야기를 시작할 때면 신입 사원들은 대개 '무표정'이거나 '눈치 보기'를 한다. 부장님의 입장에서는 추억 소환이지만 상대방에게는 고통스러운 설교로 들리기 쉽다.

노스탤지아는 원래 사회적 정서(social emotion)다. 함께 공감하고 교감할 때, 그 정서는 더욱 따뜻하고 강력해진다. 하지만 한쪽만 웃고 있는 대화나 한쪽만 빠져 있는 추억은 감정의 공명이 없으므로 공허하게 튕겨 나가고 만다.

노스탤지아는 나를 위로하는 정서이기도 하지만 동시에 공유될 때 비로소 힘을 발휘하는 정서다. 그래서 그 추억이 혼자만의 무대가 아니라 함께 기억을 나눌 수 있는 장이 될 때, 진정한 의미를 갖게 된다.

이유 있는 그리움

불행해서가 아니라 외로워서

우리는 과거를 그리워할 때 종종 이런 질문을 받는다.

"지금 불행해서 과거를 떠올리시나요?"

하지만 이것은 큰 오해다. 지금의 삶이 만족스럽지 않아서 과거로 도피하는 것이 아니라 힘든 현재를 견디기 위해 과거의 따뜻함을 빌려오는 것이기 때문이다. 어떤 연구에서도 '현재가 불행할수록 과거를 더 많이 회상한다'는 직접적인 인과관계는 밝혀진 바가 없다. 그럼에도 이런 오해를 하는 이유는 사람들이 대개 관계의 단절이나 삶의 변화 속에서 어려움을 겪을 때 더 자주 노스탤지아를 경험하기 때문이다.

그러나 중요한 것은 그 기억을 떠올리는 이유다. 사람들은 외롭고 불안할 때 과거로 도피하려는 것이 아니다. 오히려 그 시절의 따뜻함을 다시 느끼며 지금의 외로움을 이겨내기 위해 과거를 떠올리는 것이다. 즉, 불행해서가 아니라 외로워서 그리워한다.

인간은 심리적 항상성(psychological homeostasis)을 지닌 존재다. 추우면 담요를 덮고 목마르면 물을 마시듯이 심리적으로도 스스로 안정을 찾기 위한 조절 기제가 있다. 그중 하나가 바로 사회적 유대감이다. 우리는 관계를 맺고 소속되며 사랑받으면서 살아가길 원한다.

이러한 인간에게 외로움은 가장 위협적인 정서 중 하나다. 우리는 누군가와 단절되거나 소외되었을 때, 본능적으로 '함께했던 시간'을 떠올리며 마음의 균형을 회복하려고 한다. 노스탤지아는 바로 그런 순간에 작동하는 정서 조절(emotion regulation) 메커니즘이다. 외로움을 감지한 뇌가 과거의 따뜻한 기억을 호출해서 마음을 진정시키는 것이다. 그래서 유독 추억이 많이 떠오르는 날이 있다면 아마도 그날 당신은 참 많이 외롭고 힘든 하루를 보냈을지도 모른다.

이 정서 조절의 기능은 2015년 개봉한 애니메이션 영화 <인사이드 아웃(Inside Out)>에서도 인상 깊게 그려진다. 주인공 라일리는 미네소타에서 샌프란시스코로 이사하며 낯선 환경에 적응하지 못하고 외로움과 정서적 혼란을 겪는다. 라일리의 마음속 감정 캐릭터 중 '기쁨이(Joy)'는 슬픔을 억누르고 행복만을 유지하려 하지만 그 결과는 실패였다. 라일리를 진정으로 구한 것은 슬픔과 기쁨이 공존했던 과거의 추억이었다.

라일리는 얼어붙은 호수 위에서 부모님과 함께 스케이트를 타던 장면을 떠올리며 그때의 행복과 그리움을 동시에 경험한다. 결국 부모님의 품에 안겨 눈물을 터뜨리는 라일리는 슬픔을 억누르는 대신 그리움을 통해 자신의 감정을 받아들이고 회복하게 된다. 기쁨과 슬픔이 공존하는 장면은 노스탤지아라는 정서를 잘 표현한 장면 중 하나일 것이다.

이처럼 노스탤지아는 단순히 옛 추억에 젖는 감정이 아니다. 우리를 살게 하는 정서이자 견디게 하는 정서다. 외롭고 흔들리는 오늘을 붙잡기 위해 우리는 따뜻했던 어제를 다시 꺼내 든다.

가을, 쓸쓸한 계절

밤 기온이 부쩍 쌀쌀해지고 해가 눈에 띄게 짧아질 때, 우리는 비로소 가을이 왔음을 실감한다. 식욕이 줄고 이유 없이 마음이 허전해지며 설명하기 힘든 불안감이 밀려오는 이 계절에 사람들은 '가을을 탄다'고 말한다. 바람이 선선하게 불어오고 나뭇잎이 하나 둘 떨어지는 풍경 속에서 우리는 왠지 모르게 마음이 시리고 쓸쓸해지는 감정을 느낀다.

이러한 계절 감정이 더 깊어지면 계절성 우울증(Seasonal Affective Disorder)으로 이어지기도 한다. 햇빛과 일조량이 줄어드는 가을과 겨울에 주로 발생하는 이 우울증은 외부 환경의 변화가 마음에도 그림자를 드리우는 대표적인 사례다.

가을은 겨울처럼 혹독하게 춥지는 않지만 오히려 그 애매한 쓸쓸함이 사람들의 마음을 더 시리게 만든다. 아마도 여름의 따뜻함에 익숙해진 상태에서 갑자기 맞닥뜨린 차가운 공기에 적응하기가 어려워서일 것이다. 갑작스럽게 커진 일교차에 두꺼운 옷을 꺼내 입던 어느 날 아침, 우리는 문득 계절의 전환을 실감하고 그 변화 속에서 추억을 불러오는 노스탤지아를 더 깊이 경험하게 된다.

실제로 날씨는 노스탤지아에 큰 영향을 준다. 비의 나라인 영국의 사우샘프턴 대학(University of Southampton)에서 수행한 연구에 따르면, 바람이 불고 비가 오며 천둥이 치는 날에 사람들은 그리움을 더 강하게 느낀다고 한다. 날씨가 궂을수록 우리는 과거의 따뜻했던 순간에 마음을 더 쉽게 기댄다. 사람들이 종종 '춥다'는 말 대신 '마음이 시리다'고 표현하는 이유도 여기에 있다.

그러나 가을은 단지 쓸쓸한 계절만은 아니다. 추운 겨울이 오기 전, 마지막으로 우리를 따뜻하게 안아주는 듯한 인디언 섬머(Indian Summer)처럼 이 계절은 오히려 노스탤지아의 다정한 위로를 품고 있다. 인디언 섬머는 북미 지역에서

늦가을 무렵 찾아오는 일시적인 고온 현상이다. 하늘은 맑고 햇볕은 따뜻하며, 마치 여름이 잠시 돌아온 듯한 착각을 불러일으킨다. 이름의 유래에는 여러 설이 있지만 그중 하나는 북미 원주민들의 전설에서 비롯됐다. 첫눈이 내리기 전, 신이 인디언들에게 포근한 시기를 짧게 허락해 동물과 다른 부족들의 추적을 피하게 도와준다는 이야기다. 눈이 내리고 나면 생겨날 발자국을 감추기 위해 신이 내리는 잠깐의 축복인 셈이다.

노스탤지아도 이와 닮았다. 쓸쓸한 계절의 한가운데서 우리의 외로움을 감싸주는 짧지만 따뜻한 감정의 계절이다. 여러 연구가 사람들이 외로움을 느낄 때 노스탤지아를 더 자주 경험하며, 이때 떠오르는 과거의 따뜻한 기억들이 현재의 정서 회복에 중요한 역할을 한다고 말한다.

그러니 가을이 왔다고 해서 마음이 시려지는 걸 두려워할 필요는 없다. 오히려 이문세의 노래 <가을이 오면>의 가사처럼 "지나온 날의 그리운, 맑은 사랑을 기억하며" 살짝 설렘과 따뜻한 그리움으로 이 계절을 맞아보는 건 어떨까.

가을, 2학기의 시작

가을은 쓸쓸한 계절이기도 하지만 동시에 새로운 시작의 계절이기도 하다. 방학이 끝나고 새 학기가 시작된다. 여름휴가가 지나고 다시 일상으로 복귀한다. 이처럼 사람들은 겨울을 준비하는 작은 긴장 속에 들어선다. 이러한 계절의 전환점에서 우리는 자연스럽게 변화를 맞닥뜨린다.

하지만 변화는 언제나 심리적 부담을 동반한다. 연구에 따르면, 사람들은 변화의 시기마다 정체성 단절(self-discontinuity)을 경험할 수 있다고 한다. 이는 과거의 나, 현재의 나 그리고 미래의 나를 하나의 연속된 '나'로 느끼지 못하고 마치 서로 다른 인격체처럼 분리된 존재로 인식하는 상태다.

예컨대, 학생에서 사회인으로, 누군가의 딸에서 한 아이의 엄마로 혹은 퇴직 후 사회적 역할이 사라진 일반인으로 신분이나 지위가 바뀔 때, 우리는 '나는 여전히 나인가?'라는 질문을 스스로 던진다. 변화는 곧 새로운 시작이지만 그 새로움을 내 안에서 자연스럽게 받아들이지 못한다면 내가 나였던 시간들이 단절되어 버린다.

심리학에서는 이러한 전환점을 시간적 랜드마크(temporal landmark)라고 부른다. 이러한 때에 사람들은 자아 정체성이 흔들리기 쉽고 자신의 삶을 일관된 이야기로 받아들이기 어려워한다.

자아 연속성(self-continuity)이 낮은 사람은 과거의 경험이 현재의 나와 연결되어 있다는 감각이 부족하다. 그래서 자신의 삶을 하나의 이야기로 구성하지 못하고 지나온 시간을 의미 없게 여기며 행동과 결과를 정서적으로 통합하기 어려워한다. 그래서 우리는 변화 앞에 서 있을 때 자신을 지키기 위한 정서적 도구가 필요하다. 바로 노스탤지아다.

세디키디스(Sedikides)와 동료들이 2015년에 영국 성인을 대상으로 진행한 연구에 따르면, 사람들이 1년 사이에 가장 많이 겪은 변화는 경제적 상황, 가족 건강, 가까운 사람의 죽음, 삶의 환경, 식습관, 이사 등이었다. 흥미롭게도 노스탤지아를 가장 많이 불러일으킨 사건 역시 식습관, 수면 패턴, 이사, 주거 환경의 변화, 가족의 죽음이었다.

이처럼 일상의 사소한 변화조차도 정체성의 변화를 자극할 수 있으며 사람들은 그 속에서 자신을 잃지 않기 위해 자연스럽게 과거의 좋았던 기억을 떠올린다. 그 기억은 단순한 회상이 아니다. 과거의 '나'와 현재의 '나'를 연결하고 미래의 나로 이어지는 심리적 다리가 된다. 필자가 수행한 여러 연구에 따르면, 노스탤지아 기억을 떠올린 사람들은 일상적인 기억을 떠올린 사람들에 비해 자기 정체성을 더 강하게 유지하며 자신의 삶을 하나의 통합적인 이야기로 이해하려는 경향을 보인다.

우리는 매일 조금씩 변해간다. 그리고 계절처럼 인생에도 수많은 전환점이 있다. 그 변화 속에서 과거의 나를 기억하는 일은 지금의 나를 지키는 중요한 행위다. 변화가 많은 이 가을, 약간의 혼란과 낯섦 속에서 마음이 흔들린다면 그리운 한 조각의 기억이 지금의 나에게 작은 지지대가 되어줄 수 있다. 노스탤지아 한 줌이면 이 계절을 조금 더 담담하게 걸어갈 수 있을 것이다.

Activity 2

노스탤지아 노선표

누구에게나 마음속에 간직한 그리움의 장소가 있습니다. 어릴 적 살던 동네, 등굣길 학교 앞 오락실, 가난했지만 자유로웠던 자취방, 그리고 첫 아이를 품에 안았던 병원처럼 삶의 한 장면을 깊이 새겨준 공간들이 있지요.

꼭 특별한 의미가 아니더라도 문득 떠오르는 순간이 우리를 웃게 만들기도 합니다. 하굣길의 문방구, 누군가와 나란히 걷던 골목길, 비 오는 날 우산 없이 뛰어들던 놀이터, 길모퉁이에 있던 분식집, 퇴근하던 237번 버스 맨 뒷자리.

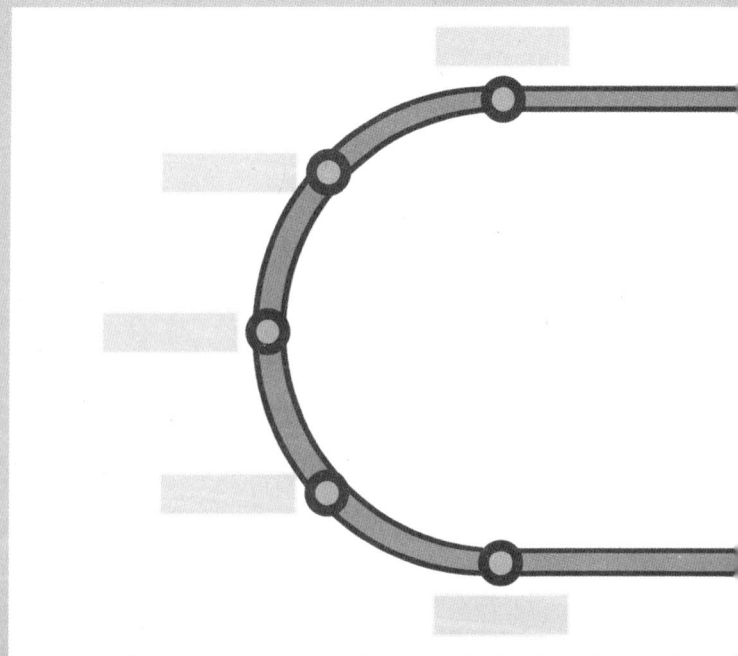

그 모든 곳엔
내 향기와 시간이 머물러 있어요.

이제, 그 기억 속 장소들을 하나씩
꺼내어 마음의 여행을 떠나볼까요?

다음 정류장은 "＿＿＿"입니다.

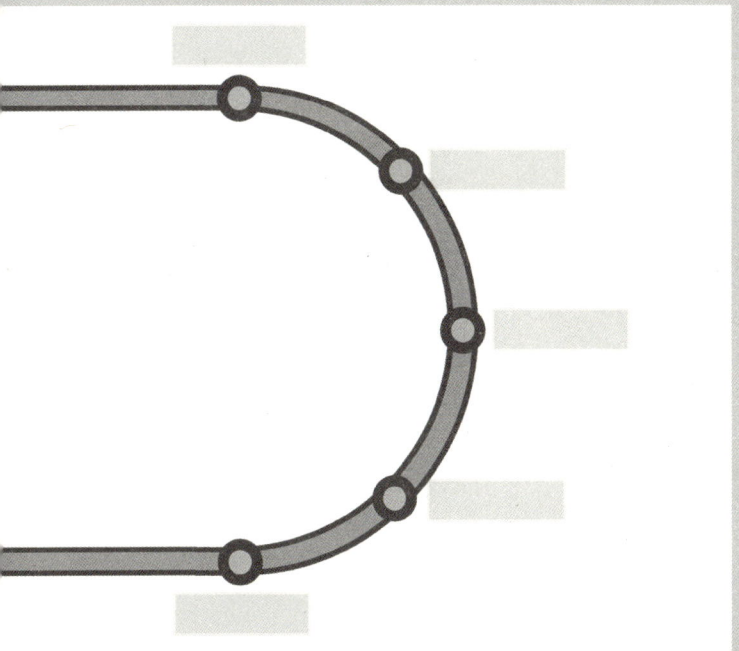

* 나만의 노선표를 채워 마음의 여행을 떠나요

Chapter 3.
노스탤지아의 기능

나를 위한 노스탤지아

내가 누군지 모를 땐 뒤를 돌아보라

끊임없이 변화하는 현재 그리고 예측할 수 없는 미래 앞에서 우리는 때때로 내가 누구인지 혼란스러울 때가 있다. 어떤 성격을 가지고 있으며 무엇을 좋아하고 어떤 가치를 소중히 여기는 사람인지 헷갈릴 때가 있다. 그러나 변하지 않는 단 하나가 있다면 이미 지나간 과거다.

우리는 과거의 경험을 바탕으로 자기 도식(self-schema)을 형성한다. 이것은 '나'라는 존재가 어떻게 느끼고 생각하며 행동해야 하는지를 안내해 주는 심리적 지도와 같다.

그렇다면 사람들은 수많은 과거 중 언제의 자신을 가

장 '진짜 나'로 느낄까? 기억에 관한 연구에 따르면, 마흔이 넘은 사람들에게 인생 전반의 기억을 떠올리게 하면 청소년기에서 20대 초반의 기억이 가장 생생하게 회상된다고 한다. 이를 심리학에서는 회고 절정(reminiscence bump)이라 부르며, 대개 12~22세의 기억들이 '가장 나다운 나'를 대표한다고 여겨진다.

왜 그럴까? 그 시절은 대부분의 순간이 '처음'이었고, 처음이라서 더 진지했으며, 계산 없이 자기 자신에게 솔직했기 때문이다. 처음 사랑을 했고 처음으로 독립했으며 처음으로 세상과 부딪혀 보기도 했다. 자신의 감정과 신념, 가치관을 바탕으로 선택을 내렸던 그 시간들, 그때의 결정들이 완벽하진 않았을지라도 가장 나다웠다. 하지만 나이가 들어가며 우리는 점점 타인의 기대와 사회의 기준에 따라 선택을 하게 된다. '엄마니까', '부장이니까', '이 나이쯤이면 그래야 하니까'. 그러다 보면 진정한 자아는 희미해지고 어느 순간 거울 속의 자신이 낯설게 느껴지기도 한다.

이럴 때 우리는 자신의 과거로 돌아가는 여행을 떠날 필요가 있다. 켈리(Kelley, 2022)와 동료들의 연구에 따르면,

그리운 과거의 기억을 떠올린 사람들은 일상적인 기억을 회상한 사람들보다 진정한(authentic) 자신, 진실한(real) 자신, 본연(genuine)의 자신을 더 느낀다고 한다. 노스탤지아는 이처럼 자기 정체성을 회복하는 심리적 도구가 된다. 윤동주의 시 〈자화상〉[1]은 이렇게 끝난다.

> *"우물 속에는*
> *달이 밝고*
> *구름이 흐르고*
> *하늘이 펼치고*
> *파아란 바람이 불고*
> *가을이 있고*
> *추억처럼 사나이가 있습니다."*

이 시에서 '우물 속 사나이'는 시인이 마주한 과거의 자신이자, 지금의 자신이 잊고 지낸 진짜 나일 수 있다. 우물은 마치 거울처럼 과거의 기억과 감정, 존재의 흔적을 비추며 오

---

1) 윤동주, 〈자화상〉, 『하늘과 바람과 별과 시』, 정음사, 1948. (16-17p)

늘의 나를 돌아보게 만든다. 그 장면은 단순한 회상을 넘어, 정체성과 진정성을 회복하려는 깊은 심리적 작용과도 연결되어 있다.

　　우리가 가장 나다웠던 그 시절로 돌아가는 데 필요한 것은 거창한 것이 아니다. 우리 주변에 있는 작은 큐(cue) 하나면 충분하다. 그 열쇠는 종종 오랜 친구의 목소리 속에 있다. 어린 시절을 함께 보냈던 친구를 오랜만에 만났을 때, 우리는 너무도 변해 버린 서로의 모습에 놀라곤 한다. 이제는 '누구의 엄마', '누구의 아빠', '무슨 사원', '무슨 팀장', '무슨 박사'라는 호칭으로 불리는 것이 익숙해졌는데 그 친구가 오랜만에 내 이름을 불러주는 순간, 우리는 다시 그 시절로 돌아간다. 가면을 벗고 역할을 내려놓으며 그저 나였던 나, 순수하고 자유로웠던 '그때의 나'로 잠시 돌아간다. 그래서일까? 우리는 일흔 살의 노인이 되더라도, 오래된 친구를 만나면 낙엽이 굴러가는 것만 보고도 깔깔 웃던 열일곱 살의 나로 돌아갈 수 있다.

교복을 입고 청춘의 시절로

사람은 어떤 옷을 입느냐에 따라 마음가짐뿐만 아니라 행동까지 달라진다. 우리는 옷을 통해 성별, 나이, 직업, 신분을 표현한다. 그런데 역으로 우리가 입는 옷이 우리의 태도와 심리 상태에도 영향을 준다.

예를 들어, 교복을 입은 학생들은 자연스럽게 학교의 규율 안에서 행동하게 되지만 교복을 벗는 순간 더 자유롭고 편안한 태도로 전환된다. 옷은 단지 몸을 가리는 물리적 장치일 뿐 아니라 우리를 특정한 정체성과 역할로 이끄는 사회적 상징도 되기 때문이다.

그중에서도 교복은 참 특별한 옷이다. 학생 시절에는

하루라도 빨리 벗고 싶었던 교복이, 성인이 되어 다시 입어 보면 그 시절의 기억과 감정이 되살아난다. 최근 몇 년 사이, 드라마 세트장, 복고풍 관광지, 놀이공원 등을 중심으로 교복 대여 서비스가 인기를 끌고 있다. 흥미로운 점은, 학생 때는 교복을 자발적으로 입지 않았던 장소에서 성인이 된 지금은 일부러 교복을 입고 '그 시절'로 돌아가 보려 한다는 것이다.

왜일까? 이유는 간단하다. 노스탤지아가 우리에게 젊음과 활기(vitality)를 되돌려주기 때문이다. 물론 교복을 입은 자신의 모습이 오히려 지금의 나이 든 얼굴과 대비되어 더 낯설게 느껴질까 봐 주저할 수도 있다. 과거의 젊은 나와 현재의 나를 비교하면서 '내가 이렇게 늙었나?' 하고 쓸쓸해질 수도 있다. 이러한 반응은 자신이 '과거의 나'와 연결되어 있지 않다고 느낄 때, 즉 정체성 단절(self-discontinuity)을 겪을 때 자주 일어난다.

하지만 노스탤지아는 '과거의 나'와 '현재의 나'를 비교하지 않게 도와준다. 오히려 그 둘을 부드럽게 이어주는 정서적 연결고리 역할을 한다. 자아와 정체성(self and identity) 연구에 따르면, 일반적으로 자랑스러웠던 과거는 '가깝게'

느끼고 부끄러웠던 과거는 '멀게' 느낀다. 다시 말해, 우리가 그리워하는 시간의 나는 다시 닮고 싶은 나의 모습이기에 지금의 나와 심리적으로 가까이 두고 싶어 한다. 그래서 노스탤지아는 단지 과거를 회상하는 것이 아니라 그 시절의 활력과 생기, 자신감을 현재의 나에게 다시 주입하는 경험이라고 할 수 있다. 사회심리학자 아베이타(Abeyta)와 라우트리지(Routledge)의 2016년 연구에 따르면, 사람들은 나이가 들어갈수록 과거의 추억을 떠올리는 경험을 통해 자신이 더 젊어진 듯한 느낌을 받는다고 한다. 더욱 흥미로웠던 점은, 40대 이상의 참가자들이 고등학교 시절의 기억을 떠올렸을 때, 자신을 더욱 젊고 활기찬 존재로 느꼈으며 건강과 신체 능력에 대한 자신감이 높아졌고 미래의 건강에 대해서도 더 낙관적인 태도를 보였다.

젊게 사는 것은 신체적·정신적 건강에 이로운 영향을 주는 것으로 잘 알려져 있다. 그렇다면 지금 우리에게 필요한 것은 시간이 아니라 감정의 시계를 잠시 되돌리는 일이 아닐까?

미래의 나에게로 떠나는 여행

은유는 우리 삶에서 가장 자연스럽고도 강력한 언어적 도구다. 예를 들어, '마음이 춥다'는 표현은 외로움이라는 심리적 상태를 신체적 추위라는 감각에 빗댄 것이다. '마음이 따뜻한 사람', '마음이 차가운 사람'이라는 말도 사람의 성격을 온도라는 물리적 개념을 통해 이해하고자 하는 은유적 표현이다.

이처럼 은유는 구체적인 개념(concrete concept)을 사용해 추상적인 개념(abstract concept)을 이해하는 인지적 도구로 작용한다. 심리학, 사랑, 희망, 인생, 시간처럼 형체가 없는 개념은 롤러코스터, 빛, 금처럼 감각적으로 이해 가능한 이미지를 빌려야 비로소 사람들의 마음에 다가갈 수 있다. 그래서 우리는 '인생은 롤러코스터다', '시간은 금이다', '한 줄기 빛 같은 희망'이라고 말한다.

그중에서도 가장 흔히 쓰이는 은유는 아마 '인생은 여행'이라는 것이다. 이 표현은 단순한 수사가 아니다. 인생이라는 개념이 갖고 있는 역동성(dynamism)과, 성장(growth)하며 끊임없이 변화(constant change)하는 특성을 가장 자연스럽게 설명해 주는 비유가 바로 여행이기 때문이다. 여행이란, 어딘가로 떠나고 새로운 것들을 배우며, 때로는 길을 잃고 누군가를 만나며, 또다시 나 자신과 마주하며 성장하는 과정이다. 인생도 마찬가지다. 우리는 한 방향으로 나아가며 스스로를 발견하고 세상을 배우고 의미를 찾고자 한다.

그렇다면 우리는 이 인생이라는 여정 속에서 무엇을 길잡이로 삼아야 할까? 바로 노스탤지어다. 노스탤지어는 단지 그리움의 감정이 아니다. 과거, 현재, 미래를 서사적으로 연결해 주는 심리적 가교이자 인생을 하나의 이야기로 만드는 정서적 내비게이션이다. 우리는 이 정서를 통해 내가 어떻게 여기까지 왔는지 그리고 앞으로 어디로 나아가야 할지를 이해할 수 있다. 노스탤지아는 무작위의 사건처럼 느껴지는 삶의 경험들 사이에 맥락을 부여하고 인과관계를 형성하며, 과거의 경험을 현재의 나에게 유의미하게 통합한다. 반대로 과거를 지워버리거나 잊고 살아간다면 우리는 마치 하늘에서 뚝 떨어진 사람처럼 어디서 왔는지도 모른 채 삶에 대한 혼란과 단절감을 느끼게 된다.

의미 있는 인생이란, 연결된 삶이다. 자신의 과거와 현재가 이어지고 미래까지 내다볼 수 있을 때, 우리는 비로소 삶의 일관성(coherence)과 중요성(significance) 그리고 목적(purpose)을 느낄 수 있다. 예를 들어, 나의 커리어는 '학교를 다니고, 일을 하며 살다가 죽는 것'이라고 요약할 수도 있다. 그러나 이렇게 사건을 나열하는 대신에 그것들을 의미의 실로 엮어 서사로 만들면 다음과 같이 전혀 다른 이야기가 된다. '나는 심리학을 공부했고, 학생들을 가르쳤으며, 인류의 마음을 이해하는 데 작게나마 기여한 사람이다.'

이렇게 연결된 이야기는, 내 삶에 내러티브와 방향성을 부여한다. 노스탤지아는 과거의 기억을 단지 되새기는 데 그치지 않는다. 그 기억은 현재의 나를 지탱하고 미래를 향해 나아갈 힘을 준다. 우리는 그리움을 통해 자신을 이해하고 삶의 의미를 다시 정의할 수 있다.

그동안 잘해 왔고 앞으로도 잘할 거야

사람들은 자신의 삶을 평가할 때 현재 느끼는 감정을 하나의 정보로 삼는다. 행복한 날엔 인생이 괜찮다고 느끼고 쓸쓸한 날엔 삶이 왠지 부족하다고 느낀다. 이를 주장한 정서 심리학자 슈워츠와 클로어(Schwarz & Clore, 1983)의 연구에 따르면, 심지어 햇볕이 잘 드는 날에는 비 오는 날보다 자신의 삶에 대한 만족도가 더 높아지는 경향도 있다고 한다.

노스탤지아를 느낄 때도 마찬가지다. 노스탤지아가 불러오는 기억은 사랑받으며 행복했고 소중했던 시간들이다. 그리워하는 그 과거를 떠올리는 순간, '나는 그동안 잘 살아 왔구나.' 하는 감정을 자연스럽게 얻게 된다.

심지어 그 시절을 힘들게 보냈더라도 우리는 그 시간을 고통의 기억이 아니라 이겨낸 시간으로 재해석한다. 그때의 나는 고단했지만 결국 이겨냈고 지금 여기까지 왔다. 그래서 그 시절의 나는 지금의 나에게 이렇게 말해 주는 듯하다.

"넌 이미 잘해 왔어. 그리고 앞으로도 잘할 거야."

이런 감정은 단순한 위로를 넘어서 자아존중감(self-esteem)이라는 심리적 자산을 키워준다. 자아존중감이란 자신이 사랑받을 자격이 있고 존중받을 가치가 있으며 무엇이든 해낼 수 있다고 믿는 마음이다. 그리고 이 믿음은 미래를 대하는 태도를 다음과 같이 바꾸어 놓는다.

첫째, 과거의 나는 지금의 나에게 용기를 준다. 사람들이 중요한 결정을 내릴 때는 이익과 손실을 따진다. 하지만 이 계산은 결코 이성적이지 않다. 사람은 손실을 피하려는 경향이 강해서 때로는 이익이 손실보다 훨씬 크더라도 안전한 선택만 반복해서 하곤 한다. 특히 불안정한 상태에 있을 때는 더더욱 모험을 꺼린다. 하지만 마음에 여유가 생기면 새로운 도전을 해볼 용기가 생긴다. 그 도전의 보상이 크지 않더라도 '그래도 괜찮다'는 마음이 생기기 때문이다.

노스탤지아는 바로 그런 심리적 여유와 안정감(security)을 준다. 우리가 살아온 시간이 의미 있었고 소중했음을 떠올릴 때 우리는 단단해진다. 그래서 과거의 기억이 따뜻하게 마음을 감싸는 순간에 사람들은 손실을 피하려는 회피 동기(avoidance motivation)보다 새로운 것을 향한 접근 동기(approach motivation)를 더 강하게 느낀다.

둘째, 아름다웠던 과거는 우리의 앞날을 더욱 낙관적으로 바라보게 한다. 사람은 자신의 과거를 긍정적으로 해석할수록 미래에 대해서도 더 낙관적이 된다. '나는 운이 좋은 사람이야.'라고 믿는 사람은 앞으로도 좋은 일이 생길 거라고 기대한다. 그리고 그런 믿음은 실제로 그들의 선택과 행동을 바꾼다.

노스탤지아의 기억 속에서 우리 자신은 항상 이야기의 주인공이다. 사랑하는 사람들과 함께했고 그 시간 속에서 의미를 만들며 살아왔다. 그런 기억은 자신의 삶에 대해 긍정적인 평가를 가능하게 한다. '지금까지도 괜찮았으니 앞으로는 더 괜찮아질 거야.' 이 믿음이 바로 노스탤지아가 우리에게 주는 심리적 낙관주의다. 청(Cheung, 2013)과 동료들의 연구에서 노스탤지아를 느낀 사람들은 자신의 미래를 더 희망적이고 밝게 바라보는 경향이 있다고 밝혔다. 그리움의 시작은 과거일지 모르지만 그 영향은 현재를 감싸며 미래까지 이끈다.

오늘 내가 그리워하는 기억은 단순한 추억이 아니다. 그 기억 속에 있는 자랑스러운 나, 용감했던 나, 사랑받았던 내가 지금의 나를 다정하게 안으며 다시 한 번 말해 주자.

"너는 잘 살아왔고 앞으로도 잘 살아갈 거야."

사람과 사람 사이의 연결고리

사회적 동물의 필수 조건: 공감 능력

"인간은 본성적으로 사회적 동물이다. 사회적으로 인간과 동물은 구분된다. 사회는 개인보다 먼저 존재한다. 공동체 생활을 이끌지 못하는 사람이나, 공동체에 참여하지 않아도 될 정도로 자긍심이 넘치는 사람은 짐승이거나 신이다."

(Man is by nature a social animal; an individual who is unsocial naturally and not accidentally is either beneath our notice or more than human. Society is something that precedes the individual. Anyone who either cannot lead the common life or is so self-sufficient as not to need to, and therefore does not partake of society, is either a beast or a god.)

이 문장은 아리스토텔레스의 『정치학』 1권 2장에 나오는 구절이다. 아리스토텔레스는 인간이 혼자서는 살아갈 수 없을뿐더러 공동체 안에서만 성장할 수 있다고 보았다. 이 주장은 오늘날에도 여전히 설득력 있는 진리로 받아들여진다.

인간은 사회 속에서 살아가기 위해 진화해 왔고 이에 따라 인간의 뇌 역시 사회적 상호작용에 적합하게 발달해 왔다. 특히 인간은 다른 동물에 비해 훨씬 넓고 복잡한 사회적 네트워크를 형성하고 유지할 능력을 지니고 있다. 이러한 네트워크를 잘 관리하고 유지하려면 타인의 감정과 관점을 민감하게 읽어내는 능력이 필수적인데, 이것이 바로 공감 능력(empathy)이다. 흥미롭게도 공감 능력은 매우 이른 시기부터 나타난다. 사회적 정서 발달 연구에 따르면 생후 18개월이 되기 전부터도 아이는 타인의 감정을 인식하고 공감할 수 있다. 예를 들어, 아기가 엄마를 때린 뒤 엄마의 아픈 표정을 보고 미안한 표정을 짓는다면 이는 공감의 초기 형태라고 볼 수 있다.

공감 능력은 단순히 감정적 반응이 아니라 인간이 사회적 관계 속에서 타인의 의도와 감정을 파악하고, 상대가 나에게 도움이 되는 사람인지 혹은 위험한 존재인지를 구별할 수 있도록 도와주는 핵심적 능력이다. 이와 같은 기능은 뇌의 특정 영역, 특히 편도체(amygdala)와 밀접한 관련이 있다. 인간의 편도체는 다른 동물에 비해 크고, 개인 간에도 그 크기에 차이가 있다. 빅카트(Bickart)와 동료들의 2014년 신경심리학 연구에 따르면, 사회적 연결망이 넓은 사람일수록 편도체의 크기가 더 큰데 이는 다양한 인간관계를 좀 더 능숙하게 관리하는 생물학적 기반이 될 수 있다.

그렇다면 공감 능력은 사회적으로 어떤 가치가 있을까? 가장 먼저 공감 능력은 타인의 입장에서 생각하는 조망 수용(perspective taking)을 가능하게 하여 깊은 유대감과 신뢰가 생기게 할 수 있다. 우리는 "가장 친한 친구가 누구인가?", "좋은 배우자는 어떤 사람인가?"라는 질문을 받으면 공감을 잘해 주는 친구나 대상을 가장 먼저 떠올리게 된다. 반대로, 공감 능력이 부족한 사람들은 대인관계에서의 어려움은 물론이고 사회적으로도 위험한 존재가 될 수 있다. 예를 들어, 자기 자신만을 중심에 두는 나르시시스트(narcissist), 타인에게 해를 끼치는 것에 죄책감을 느끼지 않는 사이코패스(psychopath) 혹은 사람을 이용하고 조종하려는 마키아벨리

안(machiavellian)은 모두 공감 능력이 현저히 결여된 대표적인 유형이다.

결국 인간은 단지 공동체에 속해 있기 때문에 사회적 동물이 아니라 서로의 감정에 주의를 기울이고 공감하며 연결될 때에 진정한 사회적 존재로서 성장하고 발전할 수 있다. 아리스토텔레스의 말처럼, 인간은 공동체 안에서만 비로소 '번영(thrive)'할 수 있으며 공감 능력은 그 번영을 가능케 하는 가장 인간적인 능력이라 할 수 있다.

친사회적 행동까지

"사랑도 받아본 사람이 줄 줄 안다."라는 말이 있다. 노스탤지아는 바로 그런 사랑의 기억을 떠올리게 하고 우리가 사랑을 나누는 존재임을 일깨워 준다. 우리는 과거에 누군가에게 소중한 존재였고 또 누군가가 우리와 안정적인 관계를 맺어주며 우리에게 사랑을 주었던 시절을 기억한다. 이러한 안정감 속에서 우리는 자신이 지지받고 존중 받는 존재라는 것을 느끼며 동시에 타인에게도 따뜻한 마음을 건네고 싶다는 동기를 얻게 된다. 노스탤지아는 그리운 과거를 단지 회상하는 데 그치지 않고 사랑을 주고받을 수 있는 정서적으로 안전한 공간을 만들어 준다.

사회심리학자 윌드슈트(Wildschut)와 동료들의 2006년 연구에서 미국의 월간지 《노스탤지아》에 1998년부터 1999년까지 작가 42명이 기고한 1,000~1,500자 분량의 개인적 경험담을 분석한 바 있다. 그 결과, 글 속에서 가장 많이 다뤄진 주제는 '사람'이었다. 다양한 문화권과 연령층을 대상으로 한 심리학 연구에서도 노스탤지아를 불러일으키는 대부분의 기억이 가족, 친구, 연인과 함께한 시간이었다고 보고했다. 이처럼 노스탤지아는 혼자만의 기억이 아니라 타인과 공유한 정서를 기억하는 것이다. 그리고 이 기억은 공감 능력을 자극하며 친사회적 행동으로 이어진다.

애착 이론의 거장 미쿨린서(Mikulincer)가 동료들과 2005년에 수행한 연구에서 실험 참가자들에게 안정감을 주는 대상을 떠올리게 했을 때, 그렇지 않은 대상을 떠올린 사람들보다 도움이 필요한 타인에게 기꺼이 봉사하거나 기부하려는 경향이 더 강하게 나타났다. 즉 누군가에게 사랑받았던 기억은 나도 누군가를 도와주고 싶다는 감정적 자극으로 전환될 수 있는 것이다.

많은 기부 캠페인에서 불행한 현실이나 희망적인 미

래를 강조하거나 유명 인사의 기부 사례를 활용해 후원을 유도한다. 물론 이러한 전략도 효과적일 수 있다. 그러나 사람들은 무엇보다 자신과 연결된 메시지에 더 적극적으로 반응한다. 따라서 노스탤지아를 불러일으키는 상황에서 기부를 요청하거나 공동체적 행동을 유도하는 것이 매우 효과적인 방식이 될 수 있다. 예를 들어, 모교 동창회, 오래된 단골 식당, 예전 가족과 함께했던 공간처럼 정서적 유대감이 깃든 장소에서 이뤄지는 모금 활동은 사람들의 마음을 자연스럽게 움직이고 행동으로 이어지게 만든다.

왜 우리는 첫사랑을 잊지 못할까

첫사랑은 많은 연애 중에서도 유독 특별하게 기억된다. 가장 어설프고 가장 부끄러웠던 순간들이었음에도 사람들은 첫사랑을 좀처럼 잊지 못하며 거기에 유난히 많은 의미를 부여한다. 왜 첫사랑은 그렇게 오랫동안 마음에 남는 걸까? 그 이유에 대해서는 다양한 심리학적 추측이 있다.

꽤 설득력 있는 설명 중 하나는, 기억은 감정의 강도에 비례한다는 것이다. 어떤 사건을 기억할 때, 그 순간 느낀 감정이 강렬할수록 기억은 더욱 선명하고 오래 남는다. 김인육 시인은 〈사랑의 물리학〉[1]이라는 시에서 첫사랑을 이렇게 묘사한다.

---

1) 김인육, 〈사랑의 물리학〉, 「사랑의 물리학」, 문학세계사, 2012. (77p)

"심장이 하늘에서 땅까지
아찔한 진자운동을 계속하였다."

첫사랑은 그만큼 강렬하다. 세상에서 처음 겪는 사랑의 감정만큼 우리를 강하게 흔드는 정서적 경험이 또 있을까? 그것은 삶 전체를 통틀어 가장 진한 감정의 기억으로 자리 잡는다.

또 다른 추측은, 첫사랑이 오랫동안 기억에 남는 이유가 바로 '이루어지지 않았기 때문'이라는 해석이다. 사회심리학 연구에 따르면, 사람은 시간이 지날수록 자신이 했던 일보다 하지 못한 일에 대해 더 많이 후회한다고 한다. 모든 '처음'은 어설프기 마련이며 첫사랑도 예외는 아니다.

첫사랑의 기억 속에는 실제로 무언가를 했던 순간보다 차마 하지 못했던 순간이 더 많다. 마음만 앞선 채 결국 전하지 못했던 그 어린 감정은 시간이 흐를수록 점점 더 선명하고 아련한 아쉬움으로 남는다.

장석주 시인은 <첫사랑의 시절로 돌아갈 수 있다면>[2] 이라는 시에서, 그 아쉬움을 풀기 위해 별자리의 이름을 외우

---

2) 장석주, 〈다시 첫사랑의 시절로 돌아갈 수 있다면〉, 『다시 첫사랑의 시절로 돌아갈 수 있다면』, 세계사, 1998. (14p)

고, 미소를 지으며, 더 자주 행복하다고 말하고, 더 자주 안아 주리라고 말한다. 짧았던 첫사랑의 기억 속에서는 그때 했던 말과 행동보다는 하지 못했던 말들과 미처 하지 못한 표현들이 훨씬 더 뚜렷이 떠오른다.

그래서일까? 첫사랑은 미완의 기억이기에 더욱 강렬하고, 어설펐기에 더욱 순수하며, 짧았기에 오히려 깊게 각인된다. 우리는 첫사랑을 통해 처음으로 사랑이라는 감정의 깊이를 경험하고 그 이후의 삶에서 다시는 돌아갈 수 없는 시절을 그리워한다. 그것이 바로 우리가 첫사랑을 잊지 못하는 이유일지 모른다.

과거의 연인을 그리워하면
현재 연인과 더 친밀해질 수 있다

윤종신의 노래 <오래전 그날>에는 이런 가사가 있다.

*"지금 내 곁엔 나만을 믿고 있는 한 여자와
잠 못 드는 나를 달래는 오래전 그 노래만이"*

이 구절을 처음 들으면 다소 의아할 수 있다. 과거의 연인에 대한 그리움과, 지금 곁에 있는 사람에 대한 애정이 한 노래 안에 동시에 담겨 있기 때문이다. 두 사람을 동시에 사랑하는 걸까? 감정적으로 불편하게 느껴질 수도 있지만 사실 이 가사에는 우리가 흔히 오해하는 감정의 이중성이 담겨 있다.

연구에 따르면, 노스탤지아는 단순한 향수가 아니라 사회적 정서이므로 과거의 찬란했던 나를 떠올리게 하고 외로움을 극복하며 주변 사람과의 사회적 유대감(social connectedness)을 높여주는 역할을 한다. 이런 기능은 친구나 가족과의 관계뿐만 아니라 연인 관계에도 그대로 적용된다. 특히 흥미로운 사실은, 과거의 연인을 그리워하는 마음이 오히려 현재 연인과의 관계를 긍정적으로 변화시킨다는 점이다.

일반적으로 우리는 과거의 연애를 떠올리는 것이 지금의 연애에 만족하지 못해서라고 생각한다. 그러나 심리학 연구는 오히려 반대의 결과를 보여준다. 과거의 연애를 회상하는 것이 현재 연인과의 관계 만족도를 높이고 그 관계를 더욱 애틋하게 만든다는 것이다. 다시 말해, 윤종신의 노래처럼 과거의 기억이 현재 곁에 있는 사람에 대한 애정을 더 깊게 만드는 일은 심리적으로 충분히 가능하다.

사회심리학자 아이(Ai)와 동료들의 2023년 연구에서, 실험 참가자들이 과거 연인과의 추억을 떠올리도록 한 후 현재 연인에 대한 태도를 측정했다. 그 결과, 과거의 연애를 회상한 참가자들은 일상적인 사건을 떠올린 참가자들보다 현재 연인과의 관계를 더 긍정적으로 평가했으며 관계를 유지하고 개선하기 위한 행동 의지도 더 높았다. 이때 중요한 역할을 한 것이 바로 접근 동기다.

접근 동기가 강한 사람은 관계에 문제가 생겼을 때 회피하기보다 해결하려 하고 연인의 행동을 더 긍정적으로 해석하며 상대방의 요구에 더 민감하게 반응한다. 이 모든 태도는 결국 연애 만족도를 높이는 데 도움이 된다. 즉, 첫사랑이나 예전의 연인을 떠올리는 일이 현재 사랑하는 대상에게 소홀하게 하는 것이 아니라 오히려 지금의 관계를 더 깊고 건강하게 유지하게 하는 것이다.

노스탤지아 효과의 필수 조건

노스탤지아 효과의 필수 조건

 많은 연구 결과에 따르면, 노스탤지아 경향성은 행복과 관련된 여러 심리적 변수들과 관련이 있다. 이는 노스탤지아를 자주 느끼는 사람이 더 행복하다는 뜻일 수도 있고, 반대로 행복한 사람이 노스탤지아를 더 쉽게 경험한다는 의미로도 해석될 수 있다. 실제로 다수의 연구에서 노스탤지아가 정서적 안정과 심리적 웰빙에 긍정적인 영향을 미친다는 사실이 밝혀졌다.

 그러나 노스탤지아가 항상 유익한 감정은 아니다. 다음과 같은 조건에서만 노스탤지아는 우리의 삶에 긍정적인 영향을 줄 수 있다.

첫째, 지나침은 언제나 독이 될 수 있다. 과거에 대한 그리움이 지나치면 우리는 현재에 집중하지 못하게 되고, 심할 경우 우울감에 빠질 수도 있다. 노스탤지아가 현재의 삶을 더욱 풍요롭게 만들기 위한 회상이 아니라 현실로부터의 도피가 된다면 정서적 기능은 오히려 약해진다. 그러므로 노스탤지아가 긍정적 기능을 발휘하기 위해서는 '지나침'의 경계를 스스로 인식하는 것이 중요하다.

둘째, 노스탤지아는 자기 자신과의 연결이 유지될 때 비로소 힘을 발휘한다. 우리가 그리워하는 과거 속의 '나'는 지금의 '나'와 이어진 동일한 존재여야 한다. 과거의 내가 현재의 나와 단절된 존재로 느껴진다면 그 회상은 오히려 자존감과 자기 이미지에 부정적인 영향을 줄 수 있다. 과거의 내가 마치 남처럼 느껴질 때, 사람들은 타인과 자신을 비교하듯 과거의 나와 현재의 나를 비교하게 된다. 그렇게 되면 과거의 영광은 지금의 내가 가진 것이 아니라 질투나 상실감의 대상이 되어 버린다. 과거의 '잘 나갔던 나'는 지금의 나보다 나은 타인이 되어 버리는 것이다.

노스탤지아를 긍정적으로 경험하려면 반드시 자아 연

속성(self-continuity)이 전제되어야 한다. 과거 '그때'의 나와 현재의 내가 하나의 흐름 속에 있다고 느껴질 때, 그 회상은 삶의 의미를 강화하는 정서 자원이 된다. 특히 나이가 들어 과거의 젊고 생기 있었던 모습을 떠올릴 때, 그때의 내가 지금의 나와 연결되어 있지 않다고 느껴진다면 노스탤지아는 오히려 비교와 상실의 감정을 불러올 수 있다. 반면, 그때의 나도 지금의 나도 모두 같은 나라고 받아들일 수 있다면 하나의 인생 이야기 속에서 연속된 존재로서 자신을 이해할 수 있게 된다.

Activity 3

노스탤지아 서랍

누구에게나 추억이 담겨 있는 노스탤지아 서랍이 있습니다. 당신의 노스탤지아 서랍에는 어떤 기억들이 있나요? 잠시 눈을 감고 당신의 마음을 따뜻하게 만들어 주는 기억 다섯 개를 떠올려 보세요. 자, 이제 당신이 떠올린 기억들로 당신의 서랍 속 노스탤지아 단지를 채워 봅시다.

①　_____

②　_____

③　_____

④　_____

⑤　_____

나의 노스탤지아 단지

이제 당신이 떠올린 기억 중 하나를 선택해, 아래 칸에 생생하게 적어 보세요. 당시의 생각과 감정을 자세히 표현해 주세요. 누군가 이 글을 읽었을 때 그 순간을 눈앞에 그릴 수 있을 정도로 구체적으로 써 주시면 됩니다.

Chapter 4.
현대사회와 노스탤지아

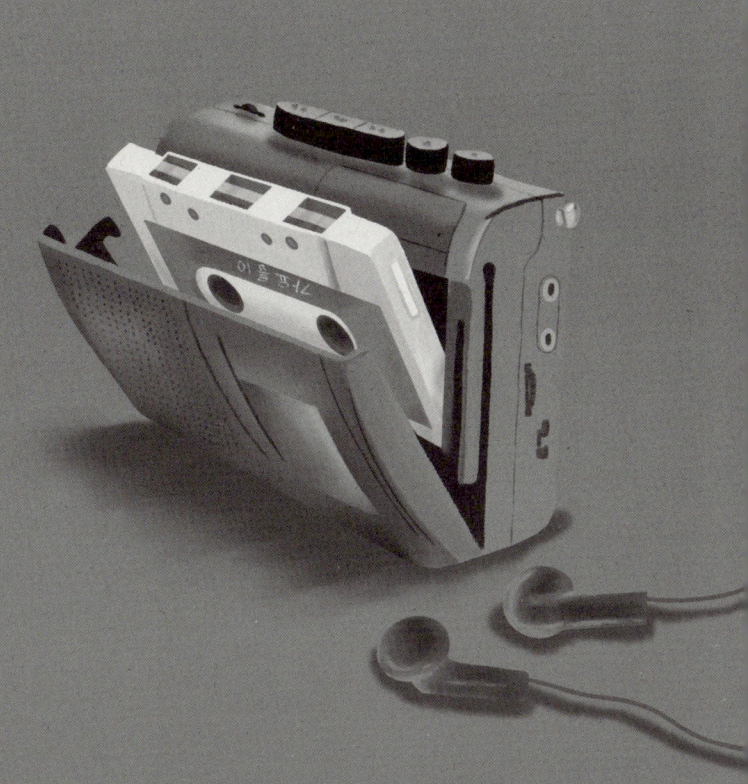

현대사회와 노스탤지아

───────◆───────

현대사회와 노스탤지아

오랫동안 노스탤지아는 전쟁이나 이민 혹은 난민과 같은 특정 집단이 겪는 특수한 정서로서 여겨져 왔다. 그러나 오늘날의 연구들은 노스탤지아가 그런 한정된 감정이 아니라 남녀노소 누구나 경험할 수 있는 보편적인 정서임을 분명히 보여준다. 이는 노스탤지아가 특정한 배경이나 사건에 국한되지 않고 인간이라면 누구나 느낄 수 있는 감정, 곧 대중적이고 일반적인 감정이라는 의미다.

실제로 우리는 의식하지 못한 채 노스탤지아와 함께 살아가고 있다. 과거의 한 장면을 떠올리는 음악, 오래된 간판을 복원한 골목길, 추억의 만화 캐릭터가 새겨진 상품까지, 노스탤지아는 그저 먼 기억 속에 머물지 않고 오늘의 문화와 소비, 관계, 정체성 속에 깊이 스며들어 있다.

현대 사회 속에서 노스탤지아는 어디에, 어떻게 자리 잡고 있을까? 그리고 그 노스탤지아는 어떤 방식으로 우리 삶에 영향을 미치고 있을까? 이 장에서는 우리 사회와 문화 그리고 일상 속에서 노스탤지아가 작동하는 방식과 그 의미를 하나씩 짚어보려고 한다. 지금 우리가 살아가는 이 시대의 감정 지형 위에서 노스탤지아는 어떤 역할을 하고 있을까?

요즘 세대가 그리운 이유

요즘 젊은 세대는 'N포 세대'라고 불린다. 이는 연애, 결혼, 출산을 포기한 '3포 세대'라는 말에서 시작해 내 집 마련과 인간관계를 포기한 '5포 세대', 꿈과 희망까지 포기한 '7포 세대', 이제는 외모와 건강까지 포기한 '9포 세대'로 확장되었다.[1] 이 용어들은 단지 유행어가 아니라 청년 세대가 처한 현실의 무게를 반영한 사회적 언어다. 이처럼 중요한 삶의 요소들을 하나씩 내려놓게 된 현실 속에서 젊은 세대는 현재보다 과거에 더 끌리는 감정, 즉 노스탤지아를 더욱 자주 경험하게 된다.

---

1) 2011년 《경향신문》의 기획시리즈 〈복지국가를 말한다〉 특별취재팀이 만든 신조어이다.

이러한 흐름을 반영하듯, 2012년부터 방영된 드라마 '응답하라' 시리즈는 세대를 아우르며 큰 인기를 끌었다. <응답하라 1997>, <응답하라 1994>, <응답하라 1988>은 시공간의 배경은 각기 다르지만, 한 동네에서 이웃들이 함께 웃고 울며 살아가던 그 시절을 정감 있게 그려냈다. 드라마 속 배경음악, 간식, 유행어, 감성 가득한 골목길은 노스탤지아를 자극하는 상징이 되기도 했다. 이 시리즈는 그 시절을 살았던 사람들뿐 아니라 그 시대를 경험하지 못한 젊은 세대에게도 따뜻한 감동을 전했다.

왜 지금의 청년들은 과거를 그리워할까? 이는 단순히 복고에 대한 취향이나 트렌드 이상의 문제다. 요즘 젊은이들은 인간의 가장 기본적인 심리적 욕구 중 하나인 '관계'를 필수로 여기지 않는다. 아니 오히려 사치처럼 느끼는 경우가 많다. 관계의 결여는 결국 사회적 유대감(social connectedness)의 붕괴로 이어진다. 사회적 유대감은 소속감을 느끼며 타인에게서 지지와 관심을 받는 감정이다. 이 감정은 행복, 삶의 의미, 심리적 안정 심지어 건강과 수명에도 큰 영향을 미친다. 그러나 지금의 청년 세대는 필수적인 이 유대감을 쉽게 얻을 수 없는 시대를 살고 있다.

　물론 심리학이 이들의 취업을 도와주거나 주거 문제를 해결하거나 진정한 친구를 찾아줄 수는 없다. 그러나 비용을 거의 들이지 않고도 사회적 유대감을 회복하는 방법을 제시할 수는 있다. 그중 하나가 바로 노스탤지아 인터벤션(intervention)이다. 기존 연구에 따르면, 과거를 회상하며 글을 쓰거나 향기·음식·음악과 같은 노스탤지아 자극물을 접하는 행위는 자존감을 높이고, 미래를 더 낙관적으로 생각하게 하며, 삶을 더 의미 있게 하고 사회적 연결감을 증진한다고 한다.

　출근길이나 등굣길 혹은 피곤한 하루 중간에 잠시 멈춰서 오래된 사진 한 장을 들여다보거나 옛 가요 한 곡을 들어보자. 또는 친구에게 받은 편지를 다시 꺼내서 읽는 것도 좋다. 지나간 시간의 따뜻한 기억이 오늘의 나를 다시 일으켜 세워줄 수 있다. 노스탤지아는 단지 그리운 감정이 아니라 지금 이 순간을 더 밝게 그리고 견디기 쉽게 만드는 심리적 자산이 되어 줄 것이다.

코로나 블루 치료제

2019년 12월, 인류는 완전히 새로운 시대를 맞이했다. 코로나19의 발병과 전 세계적인 확산은 우리의 삶을 송두리째 바꿔 놓았다. 처음엔 낯설기만 했던 마스크 착용, 사회적 거리 두기, 자가 격리, 백신 접종이 어느새 일상이 되었다. 세상은 점차 대면에서 비대면으로, 익숙했던 삶의 풍경에서 고립과 단절의 시간으로 이동했다. 출퇴근 대신 재택근무, 종업원이 아닌 키오스크에서의 주문이 일상이 되며 얼굴을 마주하고 이야기하는 일이 당연하지 않은 세상이 되어 버렸다. 우리는 일상을 잃었고 사람과의 만남을 그리워하게 되었다.

사람들이 겪은 고통은 단지 바이러스에 의한 신체적

질병만이 아니었다. 만남의 부재, 제약된 생활, 예측 불가능한 미래는 우울증, 불안, 무기력, 정서적 둔감화와 같은 심리적 고통을 낳았다. 이른바 '코로나 블루'로 불리는 새로운 사회 현상을 만들어낸 것이다. 사회적 동물인 인간에게 사람을 만나지 못하게 된 갑작스러운 환경 변화는 결코 가볍게 넘길 수 없는 정서적 충격이었다.

백신과 치료제 개발이 한창이던 그 시기에 심리학자들은 정신적 백신을 찾기 위해 연구에 몰두했다. 그중 한 연구는 노스탤지아가 코로나 블루의 치료제가 될 수 있음을 보여주었다. 필자가 참여한 연구에 따르면, 코로나19가 발병한 직후 시행된 중국인과 영국인 대상 조사에서 다음과 같은 결과가 나타났다. 자가 격리 경험이 있는 사람들은 그렇지 않은 사람들보다 외로움을 더 많이 느낀다는 결과를 보고했다. 그리고 이 외로움은 자연스럽게 노스탤지아 경험을 증가시켰고, 노스탤지아는 행복감을 회복하는 데 도움을 주었다.

연구진은 실험 참가자들에게 과거를 회상하게 하는 글쓰기를 통해 노스탤지아를 유도했다. 그 결과, 노스탤지아는 당일의 외로움을 줄이는 데 그치지 않고, 다음 날까지도 그 긍정적인 효과가 지속되었다. 즉, 노스탤지아는 단순한 감정이 아닌, 심리 회복을 돕는 정서적 자원으로 작동한 것이다.

    코로나19는 우리 모두에게 외로움이라는 낯선 감정을 강제로 안겨주었다. 그리고 그 막막함 속에서, 우리가 기대고 견딜 수 있었던 것은 어쩌면 그리움으로 인해 돌아보는 따뜻한 과거, 노스탤지아였는지도 모른다. 코로나 블루의 시대에 노스탤지아는 향수병이 아닌 '향수약'으로 재조명되어야 할 것이다.

디지털 노스탤지아

 사회가 온라인으로 확장되면서 이제 오프라인에서 하던 일들 중 온라인에서 하지 못하는 것은 거의 없다고 해도 과언이 아니다. 우리는 온라인에서 물건을 사고, 돈을 주고받으며, 수업을 듣고, 심지어 친구나 연인을 사귀기도 한다. 인간관계, 경제 활동, 지식의 흐름까지 오프라인 세계는 점점 더 완벽하게 디지털로 이식되고 있다. 그리고 그 흐름 속에서 노스탤지아도 디지털 공간으로 건너왔다.
 예전처럼 서랍을 정리하다 우연히 발견한 옛 사진이나, 책 사이에 끼워둔 오래된 편지를 다시 읽으며 과거를 떠올리던 일은 점차 줄어들고 있다. 이제는 스마트폰이 스스로

'그때 그 시절'을 소환해 준다. 구글 포토는 '3년 전 오늘' 같은 알림으로 과거의 사진과 영상을 제시하며 사용자가 직접 찾지 않아도 과거의 한 순간을 다시 마주하게 한다. 페이스북 역시 '1년 전 오늘의 추억' 같은 기능으로 과거의 글과 사진을 상기시켜 주며 그것을 친구들과 공유함으로써 함께하는 노스탤지아를 가능하게 만든다.

    이러한 기능들은 디지털 환경에서 구현된 노스탤지아의 대표적인 예다. 마치 오래된 앨범을 펼치듯 혹은 잊고 있던 일기장을 꺼내 보듯, 온라인 공간은 이제 정서의 저장소이자 회상의 통로가 되어 우리를 다시금 과거로 데려간다.

    기술이 발전함에 따라 노스탤지아의 방식도 계속해서 진화할 것이다. 예컨대, 메타버스와 같은 가상 세계에서는, 이전에는 머릿속으로만 가능했던 시간 여행이 3차원 공간에서 현실처럼 구현될지도 모른다. 과거의 골목길을 다시 걷고, 첫사랑과의 데이트 장면을 재현하며, 유년 시절의 소풍 버스를 타는 일이 가능해질 날이 머지않아 도래할 것이다.

    노스탤지아는 언제나 우리의 감정과 기억을 잇는 정서적 다리였다. 이제 그 다리가 온라인으로도 튼튼히 놓이고 있는 것이다. 노스탤지아 연구자로서, 나는 이토록 빠르게 변화하는 시대 속에서 이 정서가 또 어떤 새로운 모습으로 우리 곁에 나타날지 그리고 그러한 시대의 마음을 어떻게 따뜻하게 어루만질지 무척 기대된다.

그리움을 잃어가는 사회

현대 사회는 편리함을 과도하게 제공한다. 기술과 과학의 발전은 우리의 육체적 수고는 물론이고 머리를 쓰는 수고까지 줄여주었다. 이제 기계는 우리의 손과 발뿐 아니라 우리의 기억력과 판단력까지 대신한다. 그 결과, 우리는 이제 전화번호를 외우지 않고 사전을 뒤적이지 않으며 종이에 직접 글을 쓰면서 생각을 정리하지 않는다. 컴퓨터와 스마트폰이 그 모든 과정을 대신해 주고 있기 때문이다.

종이와 펜 없이도 살 수 있는 사람은 많아졌다. 반면에 휴대폰과 인터넷 없이는 하루도 버티기 어려운 시대다. 특히 젊은 세대일수록 기술에 의존하는 정도가 더 심하고 넓게 퍼져 있다.

하지만 이 기술의 편리함은 단지 생활 습관의 변화를 넘어 우리의 심리적 구조에도 깊은 영향을 미친다. 빠르고 즉각적인 자극에 익숙해진 우리는 점점 인내하는 법, 기다리는 법, 스스로 해결하려는 태도를 잃어가고 있다. 전화번호를 외우며 기억력을 단련하고, 책을 읽으며 상상력을 키우고, 손으로 글을 쓰며 내면을 정리하는 시간은 사라졌다. 그 자리를 메운 건 자극적이고 속도감 있게 쏟아지는 정보다.

노스탤지아는 이런 시대 속에서 점점 설 자리를 잃고 있다. 향기, 노래, 사진처럼 단순해 보이는 것들이 노스탤지아를 유발할 수 있지만 그 안에는 기억, 집중, 상상이라는 복합적인 인지 작용이 숨어 있다. 노스탤지아는 단순한 감정이 아니라 우리가 기억을 되살리고 의미를 부여하며 감정을 정제해 내는 고차원적 심리 활동이다. 그런데 디지털 미디어는 우리의 집중력을 흐리고 억제 조절력을 떨어뜨리며, 인지 과정을 점점 얕고 단편적으로 만든다.

노스탤지아는 자신을 들여다보는 감정이다. 그러나 현대인들은 너무 많은 자극 속에서 살아가느라 자기 자신에게 집중할 시간도, 흥미도, 여유도 잃어버렸다. 만약 이런 상태가 지속된다면 언젠가는 '그리워하는 법' 자체를 잊어버리게 될지도 모른다. 외롭고 힘든 순간에 노스탤지아를 찾고 싶어도, 그 감정을 불러내는 방법을 알지 못하게 될 수 있다.

그래서 우리는 스스로를 들여다보는 연습을 해야 한다. 느리게 생각하고 오래 음미하며 조용히 기억을 떠올리는 훈련이 필요하다. 노스탤지아는 단순한 회상이 아니라 우리가 인간으로서 감정을 다루는 방식의 핵심이며 외로움과 싸울 수 있는 소중한 내면의 자원이다.

불안한 청소년에게

일반적으로 '그립다'는 감정은 살아온 날이 살아갈 날보다 많을 때 더 자주 느끼는 것으로 여겨진다. 그래서 우리는 종종 노스탤지아를 나이가 든 사람들의 정서로 오해하곤 한다. "그리움을 느끼는 건 나이 들었다는 뜻 아니야?"라고 묻는 사람이 있다면, 어쩌면 그 또한 자연스러운 생각일지 모른다. 그러나 노스탤지아는 단지 나이의 부산물이 아니다. 그것은 개인의 성격이며 동시에 경험적 상태이기도 하다.

물론 나이가 들수록 기억의 양과 정서적 감수성은 달라질 수 있다. 그러나 노스탤지아의 경험 자체는 절대적으로 나이에 따라 좌우되지는 않는다. 기존 연구들에 따르면, 사람들은 성별, 인종, 나이와 무관하게 노스탤지아를 경험한다고 한다.

흥미롭게도 아주 어린 아이들도 때때로 "엄마 배 속에 있을 때 따뜻했어."라거나 "그때 엄마 목소리가 들렸어."라는 이야기를 하곤 한다. 물론 이 기억이 실제 기억인지 혹은 듣거나 상상한 이야기를 말하는 것인지는 알 수 없다. 그러나 뇌가 어느 정도 발달한 이후에는, 아이들 역시 꽤 오래된 과거를 회상할 수 있다. 이는 노스탤지아의 기반이 되는 자서전적 기억(autobiographical memory)이 형성되기 시작하는 것이다.

노스탤지아는 단순히 기억하는 능력만으로 가능한 감정은 아니다. 그 기억에 의미를 부여하고 정서적으로 해석하며, 자신의 정체성과 연결 짓는 복잡한 인지 과정이 동반된다. 그렇기에 사고 능력과 자아 정체성(self-identity)이 자리 잡기 시작하는 청소년기부터 노스탤지아를 본격적으로 경험할 수 있는 준비가 된다는 것이 과학적 견해다.

그렇다면 청소년에게 노스탤지아는 불필요한 감정일까? 오히려 그 반대일지도 모른다. 지금 이 시대의 청소년에게 노스탤지아는 가장 필요한 정서일 수 있다. 최근 들어 청소년 자살률과 자살 시도율은 지속적으로 증가하고 있다. 그 배경에는 부모의 이혼, 가족 간의 갈등, 친구들의 따돌림, 학교생활의 스트레스, 소셜 미디어에서의 불안정한 관계 등이 자리하고 있다. 물론 이 문제들은 사회적 지원과 제도적 개입이 절실한 영역이지만 심리학적으로도 우리가 할 수 있는 일은 분명히 있다.

노스탤지아는 외로움과 변화에 특히 강한 정서적 해독제다. 청소년들도 분명히 그리운 과거가 있다. 초등학교 때 함께 놀던 친구, 좋아했던 간식, 반복해서 들었던 노래, 방학 때 보았던 애니메이션처럼 지금은 지나가 버린 따뜻한 장면들 말이다. 그 기억들은 지금 겪고 있는 외로움과 혼란을 잠시나마 보듬어 줄 수 있다.

그래서 나는 부모, 선생님, 친구 또는 이웃으로서 청소년들에게 이런 제안을 하고 싶다. 그 아이가 어릴 적 좋아했던 노래를 함께 들어주고 그 시절 자주 먹던 음식을 다시 꺼내 주며 그때 나눴던 이야기를 함께 떠올려 주길 바란다. "힘내", "괜찮아", "다 지나갈 거야"라는 말도 물론 소중하다. 하지만 이런 말보다 노스탤지아를 함께 경험해 주는 것이 더 직접적이고 그들의 마음 깊숙이 도달할 수 있는 방법이 될 수도 있다.

사라지는 자연

그리운 마음만으로도 그 시절로 돌아갈 수 있다면 얼마나 좋을까. 청춘의 한복판으로 다시 돌아갈 수 있다면, 돌아가신 어머니를 단 한 번만이라도 안아볼 수 있다면, 사라진 고향의 흙길을 다시 밟을 수 있다면 우리는 무엇이든 할 것이다. 그러나 애석하게도 대부분의 과거는 다시 되돌릴 수 없다. 하지만 우리가 그리워하던 그 시절로 되돌아갈 수 있는 단 하나의 길이 남아 있다. 바로 자연이 삶의 일부였던 시절이다.

우리는 자연환경에 대한 그리움을 생태학적 노스탤지아(ecological nostalgia)라고 부른다. 이 용어는 조금 낯설게 느껴질 수도 있지만 사실 우리는 이미 이를 자주 경험하고 있다. 예를 들어, 맑은 공기를 그리워하는 마음이 그렇다. 불과 십여 년 전만 해도 외출하기 전에 미세먼지를 확인하거나 마스크를 챙기는 일은 없었다. 그러나 2013년 8월, 수도권을 시작으로 미세먼지 예보가 도입되면서 우리는 점차 공기의 질을 걱정하며 하루를 계획하게 되었다. 지금은 창문을 열지 말지, 아이를 데리고 외출을 해도 괜찮을지 고민하는 것이 일상이 되었다.

사람들은 맑은 공기가 당연했던 시절을 그리워한다. 그 뿐만 아니라 도시가 확장되고 문명이 발전할수록 우리의 삶에서 자연은 점점 사라져갔다. 나무와 숲, 들과 강이 있었던 자리는 도로와 건물로 대체되었고 일상의 풍경은 시멘트와 철골 구조물로 채워졌다. 지금의 어린이들은 대부분 냇가에서 물장구를 치지 않고 둑방 길에서 메뚜기를 잡지도 않으며, 겨울에 뒷동산에서 눈썰매를 타지도, 강가에서 스케이트를 타지도 않는다. 이런 기억은 이제 '옛날이야기'가 되었고 그 시절의 자연은 이제 비싼 입장료를 내고 체험하는 '테마'가 되어 버렸다.

그렇다면 우리가 그리워하는 그 자연으로 우리는 어

떻게 다시 돌아갈 수 있을까? 정답은 멀지 않은 곳에 있다. 바로 그리워하는 마음, 생태학적 노스탤지아가 그 출발점이다. 우리는 그 시절의 자연을 떠올리며 다시 자연을 소중히 여기는 감정을 회복할 수 있다. 생태학적 노스탤지아는 우리가 환경을 더 신중하게 생각하고, 작더라도 친환경적인 선택을 하게 만드는 심리적 자극이 된다. 그렇게 자연을 그리워하고 자주 이야기하며 자연을 위해 행동하는 사람이 많아진다면 우리는 언젠가 다시 푸르렀던 그 시절을 닮은 환경을 만들 수 있을 것이다.

속도의 시대 속 마음의 쉼터

　세상은 지금 그 어느 때보다 빠르게 변하고 있다. 그리고 이러한 변화의 중심에 서 있는 나라 중 하나가 바로 대한민국이다. 1960년대 이후 눈부신 경제성장을 이룩한 한국은 산업화와 정보화를 거치며 이제는 기술, 문화, 경제 등 모든 분야에서 세계의 주목을 받는 나라가 되었다. 기술 강국답게 우리는 더 빠르고 더 편리하게 살아가고 있다. 스마트폰은 일상이 되었고 인공지능(AI)은 이제 우리의 미래를 이끌어갈 키워드가 되었다. 매일같이 새로운 기술이 등장하고 있고 도시의 스카이라인은 끊임없이 높아지며 우리의 삶은 눈 깜짝할 사이에 바뀌어 간다.

이런 변화는 분명 혜택을 가져왔다. 그러나 변화가 빠를수록 그 속도를 따라가지 못하는 이들의 불안은 커질 수밖에 없다. 요즘 아이들은 아기 때부터 터치스크린을 자연스럽게 사용할 만큼 기술에 능숙하다. 하지만 인터넷, 키오스크, 스마트폰이 낯설고 최신 유행 음악에 흥을 맞추기 어려운 이전 세대들은 자신들이 소외되었다고 느낄 수도 있다. 물론 최근 레트로 열풍이 대중문화 속에서 다시금 옛 감성을 불러일으키고는 있지만 여전히 이 시대를 주도하는 흐름에 온전히 공감하며 살아간다고 느끼기엔 부족함이 있을지도 모른다.

이때 노스탤지아는 강력한 정서적 자원이 된다. 노스탤지아는 단순히 '추억에 잠긴다'는 뜻이 아니다. 잊히는 감각을 되살리고 밀려나는 감정을 되찾게 하며 지금의 자리를 버텨낼 힘을 주는 감정의 기반이다. 빠르게 흘러가는 세상 속에서 노스탤지아는 나만의 속도, 나만의 감성을 지킬 수 있게 도와주는 정서적 피난처가 되어준다.

그리고 이것은 단지 지금의 40, 50대만의 이야기가 아니다. 어떤 시대든 변화는 늘 되어 왔고 변화의 물결은 그 시대를 이끄는 세대를 뒤로하고 다음 세대로 이어지게 마련이다. 지금의 MZ 세대도 언젠가는 알파 세대를 '요즘 애들'이라고 부르게 될 것이다. 그렇기에 노스탤지아는 세대 간 공감의 다리가 될 수 있다. 한 세대의 유행이 다른 세대에겐 낯설 수 있지만 그 시대마다 빛났던 순간을 기억하고 공유하려는 시도는 우리를 연결해 준다.

    그렇기에 우리는 이 빠른 성장과 발전의 시대 속에서도 과거를 돌아보는 감정 그리고 그 안에서 얻는 위로와 힘을 소중히 여겨야 한다. 노스탤지아는 우리가 그리워하는 과거로 돌아가게 해주는 감정이면서 동시에 앞으로 나아가게 해주는 힘이 되기도 한다. 지금 우리가 어디에서 왔고 무엇을 통해 여기까지 왔는지를 기억하게 해주는 것. 그것이 바로, 이 급변하는 세상 속에서 노스탤지아가 가진 진짜 힘일 것이다.

글로벌 시대의 감정 기반

글로벌화가 가속화되면서 세계는 점점 더 긴밀하게 연결되고 변화의 속도는 빨라지고 있다. 외국으로 이민을 가거나 유학, 연수, 여행을 떠나는 일은 이제 특별한 일이 아니다. 반대로 한국에서도 다양한 이유로 한국을 찾고 정착하는 외국인을 일상 속에서 쉽게 만날 수 있다. 다양한 문화와 사람들이 뒤섞인 이 다원화된 시대에 우리는 매일 새로운 경험과 가치관을 마주하고 있다. 이처럼 끊임없이 변화하는 환경은 때때로 사람들로 하여금 자신의 정체성에 혼란을 느끼게 하기도 한다.

이러한 변화 속에서 노스탤지아는 심리적 안정과 정

체성 유지를 돕는 유용한 정서적 자원이 될 수 있다. 과거의 추억은 우리에게 삶의 일관성을 느끼게 하고 자신만의 이야기를 이어가는 데 중요한 역할을 한다. 글로벌 시대를 살아가는 사람들에게 노스탤지아는 자신의 전통과 문화를 기억하게 해주는 동시에 다양한 문화를 수용할 수 있는 내적 기반을 마련해 준다. 누군가는 전통을 지키는 일이 변화의 흐름을 방해한다고 오해할 수도 있다. 그러나 사람들은 오히려 심리적 안정 속에서 새로운 것을 추구할 수 있는 힘을 얻는다. 과거를 모두 잊어야만 앞으로 나아갈 수 있는 것이 아니라 오히려 자신의 과거와 연결될 때 변화도 건강하고 안정적으로 받아들일 수 있는 것이다.

노스탤지아의 기원을 떠올려보자. 17세기 스위스 군인들은 해외 파병 중 깊은 우울감과 향수에 빠졌는데 이를 당시에는 병리적인 증상으로 간주했다. 그러나 이후 연구를 통해, 그 감정은 병이 아니라 자기조절을 위한 정서적 반응, 즉 고향과의 연결을 통해 새로운 환경에 적응하려는 하나의 심리적 전략이었음이 밝혀졌다.

현대의 연구도 이를 뒷받침한다. 난민이나 해외 파견

직원들이 낯선 환경에 놓였을 때, 노스탤지아를 느끼는 경험이 오히려 삶의 연속성을 강화하고 그로 인해 현지 적응력을 높여준다는 결과가 나타났다. 새로운 환경 속에서 사람들은 고향의 따뜻함, 가족의 지지, 친구와의 관계를 떠올리며 자신이 누구인지를 다시 확인하고 그 감정에서 힘을 얻는다.

따라서 해외에서 고향을 그리워하는 사람들을 보고 단지 적응에 실패한 것으로 치부해서는 안 된다. 오히려 그리움은 새로운 세계에 정착하려는 인간적인 노력의 표현이며 노스탤지아는 낯선 삶에 다리를 놓는 심리적 연결 고리다.

고령화 사회와 세대 간 연결

 노스탤지아는 고령화 사회에서 세대 간의 간극을 메워 주는 강력한 정서적 도구가 될 수 있다. 과거를 향한 그리움과 향수는 세대를 초월해 공통된 감정을 자극하며, 세대 간의 유대감을 강화하는 역할을 한다. 특히 노년 세대가 젊은 세대에게 자신의 경험과 지혜를 전하는 과정에서 노스탤지아는 세대를 잇는 다리의 역할을 한다.
 가족이나 공동체 안에서 과거의 이야기를 함께 나누는 것은 세대 간의 이해와 공감을 이끌어내는 중요한 계기가 된다. 장년 세대가 젊은 시절의 추억을 들려주거나 당시의 문화와 사회적 분위기를 설명하면 젊은 세대는 그 이야기를 통해 과거를 배우고 현재와의 연결점을 발견하게 된다. 반대로, 과거의 유행이나 취향이 현대에서 부활할 때는 두 세대가 이를 공통의 관심사로 삼아 자연스럽게 소통할 수 있다. "그때는 그랬었어."라고 하면 "정말 그랬나요?"라고 하며 이어지는 대화 속에는 세대 간의 역사적 노스탤지아가 흐르며 그 속에서 친밀감이 자라게 된다.

최근 다시 인기를 얻고 있는 레트로 음악, 복고풍 패션, 고전 영화 같은 문화 콘텐츠는 이러한 세대 간의 대화를 더욱 쉽게 이끌어주는 매개체다. 한 시대를 살았던 이들에게는 추억의 재현이고 처음 접하는 세대에게는 새롭고 신선한 감동이 된다. 그렇게 노스탤지아는 과거의 유산을 단절 없이 이어주는 역할을 한다.

노스탤지아는 또한 가족의 전통을 유지하고 계승하는 데도 중요한 기능을 한다. 예를 들어, 가족만의 명절 풍습이나 어린 시절 함께 즐기던 놀이를 다시 재현해 보는 것만으로도 세대 간의 연결은 깊어진다. 이런 활동은 단지 과거의 아름다움을 되살리는 데 그치지 않고, 현재와 미래를 함께 만들어가는 의미 있는 시간으로 이어진다.

결국 노스탤지아는 단순한 회상이 아니라 세대 간의 관계를 더욱 풍요롭게 만들어주는 촉매제다. 과거와 현재의 조화로운 공존을 통해 우리는 더 따뜻하고 끈끈한 가족 그리고 더 강한 공동체의 유대를 이룰 수 있을 것이다.

Activity 4
과거의 나에게 쓰는 편지

과거의 나에게 편지를 쓰는 시간입니다. 나의 과거는 아주 어린 시절의 나, 학창 시절의 나, 혹은 지난주의 나일 수도 있습니다. 과거의 나에게 편지를 써 보세요.

맺는말

내가 이 책을 쓰기로 결심한 날이 아직도 생생하게 기억난다. 작년 봄, 나는 인생의 적응기 한가운데에서 지치고 외로움을 느끼고 있었다. 그러던 중, 내가 어릴 적 좋아하는 가수 이문세의 공연을 보러 갔다. 나만의 노스탤지아 치유법이었다. 공연을 보던 중, 함께 동행한 남편이자 동료 연구자인 김진형 교수에게 말했다. "노스탤지아 책을 써야겠어."

공연 내내 느낀 노스탤지아는 말로 표현하기 어려울 만큼 깊었다. 초등학생 시절 들었던 '조조할인'이 떠올랐고, 옆자리 아주머니의 흥얼거림을 들으며 그녀의 기억도 궁금해졌다. 오랜 팬들과 인사를 나누던 이문세 아저씨와 그의 팬들 사이의 교감도 인상 깊었다. 공연장에 있는 모든 관객이 각자의 추억을 꺼내어 함께 나누고 있었다. 한국인들이 노스탤지아를 얼마나 사랑하는지 확인한 순간이었다.

공연이 절반쯤 진행됐을 무렵부터는 공연에 온전히 집중할 수 없었다. 이 감정적 경험을 어떻게 연구와 대중을 연결하는 글로 풀어낼 수 있을까, 머릿속이 바빠지기 시작했다. 다음 날, 나는 바로 글을 쓰기 시작했다. 내가 알고 있는 모든 노스탤지아 연구를 정리했고, 한국인의 정서적 특성에 대해서도 써내려갔다. 그리고 두 영역 사이의 접점을 하나둘 연결하기 시작했다. 그렇게 글을 쓰는 과정에서, 나는 한국인이 왜 노스탤지아를 사랑하는지, 왜 그럴 수밖에 없는지를 더 깊이 이해하게 되었다.

그리고 나는 깨달았다. 지금 우리 사회에 이 감정이 얼마나 절실한지를. 복잡하고 불안한 시대 속에서, 결국 우리에게 정말 필요한 것은 타인의 위로가 아니라, 스스로에게서 건네는 위로와 용기가 아닐까. 이 세상을 살아내야 하는 것은 결국 '나'이며, 나를 그 누구보다 잘 이해하고, 진심으로 대하며, 잘 되기를 바라는 단 한 사람 또한 나 자신이기 때문이다. 노스탤지아 연구자로서 나는 이 감정을 더 널리 알리고 싶었다. 노스탤지아는 단순한 과거 회상이 아니라, 오늘을 버텨낼 수 있는 감정의 기반이라는 것을 꼭 전하고 싶었다. 그리고 글을 마치고 나니, 조금은 내가 해야 할 일을 다 했다는 마음이 들었다.

이제 두 가지 바람이 생겼다. 누군가 힘들다고 말할 때, 이 책이 조용히 건네고 싶은 위로가 되었으면 한다. 그리고 이 책을 읽는 이가 마음속 어딘가에 고이 간직해 두었던 힘을 다시 꺼내기를 바란다. 그리움 속에서 위로받고, 다시 앞으로 나아갈 용기를 얻기를 진심을 담아 바란다.

앞으로 함께 그리워할 오늘들을 만들어갈 나의 가족에게 깊은 감사를 전하며 이 글을 마친다.

참고문헌

Chapter 1.

Batcho, K. I. (1995). Nostalgia: A psychological perspective. *Perceptual and Motor Skills*, *80*(1), 131-143. https://doi.org/10.2466/pms.1995.80.1.131

Boym, S. (2001). The future of nostalgia. New York, NY: Basic Books.

Cheung, W. Y., Hepper, E. G., Reid, C. A., Green, J. D., Wildschut, T., & Sedikides, C. (2020). Anticipated nostalgia: Looking forward to looking back. *Cognition and Emotion*, *34*(3), 511-525. https://doi.org/10.1080/02699931.2019.1649247

Davis, F. (1979). *Yearning for yesterday: A sociology of nostalgia*. New York, NY: Free Press.

Hepper, E. G., Ritchie, T. D., Sedikides, C., & Wildschut, T. (2012). Odyssey's end: Lay conceptions of nostalgia reflect its original homeric meaning. *Emotion*, *12*(1), 102-119. https://doi.org/10.1037/a0025167

Hofer, J. (1934). Medical dissertation on nostalgia. (C.K. Anspach, Trans.). *Bulletin of the History of Medicine*, *2*, 376-391. (Original work published 1688)

Pearsall, J. (1998). *The new Oxford dictionary of English*. Oxford, England: Oxford University Press.

Sedikides, C., Wildschut, T., Arndt, J., & Routledge, C. (2008). Nostalgia: Past, present, and future. *Current Directions in Psychological Science*, *17*(5), 304-307. https://doi.org/10.1111/j.1467-8721.2008.00595.x

van Tilburg, W. A. P., Bruder, M., Wildschut, T., Sedikides, C., & Göritz, A. S. (2019). An appraisal profile of nostalgia. *Emotion*, *19*(1), 21-36. https://doi.org/10.1037/emo0000417

van Tilburg, W. A. P., Wildschut, T., & Sedikides, C. (2018). Nostalgia's place among self-relevant emotions. *Cognition and Emotion*, *32*(4), 742-759. https://doi.org/10.1080/02699931.2017.1351331

Chapter 2.

Barrett, F. S., Grimm, K. J., Robins, R. W., Wildschut, T., Sedikides, C., & Janata, P. (2010). Music-evoked nostalgia: Affect, memory, and personality. *Emotion*, *10*(3), 390–403. https://doi.org/10.1037/a0019006

Blundon, E. G., Gallagher, R. E., & Ward, L. M. (2020). Electrophysiological evidence of preserved hearing at the end of life. *Scientific Reports*, *10*, 10336. http://doi.org/10.1038/s41598-020-67234-9

Boothby, E. J., Clark, M. S., & Bargh, J. A. (2014). Shared experiences are amplified. *Psychological Science*, *25*(12), 2209–2216. https://doi.org/10.1177/0956797614551162

Harris, C. B., Baird, A., Harris, S. A., & Thompson, W. F. (2020). "They're playing our song": Couple-defining songs in intimate relationships. *Journal of Social and Personal Relationships*, *37*(1), 163–179. https://doi.org/10.1177/0265407519859440

Holbrook, M. B. (1993). Nostalgia and consumption preferences: Some emerging patterns of consumer tastes. *Journal of Consumer Research*, *20*(2), 245–256. https://doi.org/10.1086/209346

Hong, E. K., Sedikides, C., & Wildschut, T. (2022). How does nostalgia conduce to self-continuity? The roles of identity narrative, associative links, and stability. *Personality and Social Psychology Bulletin*, *48*(5), 735–749. https://doi.org/10.1177/01461672211024889

Iyer, A., & Jetten, J. (2011). What's left behind: Identity continuity moderates the effect of nostalgia on well-being and life choices. *Journal of Personality and Social Psychology*, *101*(1), 94–108. https://doi.org/10.1037/a0022496

Janata, P. (2009). The neural architecture of music-evoked autobiographical memories. *Cerebral Cortex*, *19*(11), 2579–2594. https://doi.org/10.1093/cercor/bhp008

Mills, M., & Melhuish, E. (1974). Recognition of mother's voice in early infancy. *Nature, 252*, 123-124. http://doi.org/10.1038/252123a0

Reid, C. A., Green, J. D., Buchmaier, S., McSween, D. K., Wildschut, T., & Sedikides, C. (2022). Food-evoked nostalgia. *Cognition and Emotion, 37*(1), 34-48. https://doi.org/10.1080/02699931.2022.2142525

Reid, C. A., Green, J. D., Wildschut, T., & Sedikides, C. (2015). Scent-evoked nostalgia. *Memory, 23*(2), 157-166. https://doi.org/10.1080/09658211.2013.876048

Reyes-Zárate, G. G., Rodríguez-Paz, M. X., & González-Mendívil, J. A. (2020). The effects of the exposure to an aromatic environment on students during university engineering final exam–A pilot study. In P. A. Hancock, D. A. Vincenzi, J. A. Wise, & M. Mouloua (Eds.), *Advances in human factors in training, education, and learning sciences* (Vol. 1212, pp. 182-187). Springer. https://doi.org/10.1007/978-3-030-50896-8_28

Sedikides, C., Leunissen, J., & Wildschut, T. (2022). The psychological benefits of music-evoked nostalgia. *Psychology of Music, 50*(6), 2044-2062. https://doi.org/10.1177/03057356211064641

Stern, M. J. (2014, August 12). *Neural nostalgia: Why do we love the music we heard as teenagers?* Slate. https://slate.com/technology/2014/08/musical-nostalgia-the-psychology-and-neuroscience-for-song-preference-and-the-reminiscence-bump.html

Troisi, J. D., & Gabriel, S. (2011). Chicken soup really is good for the soul: "Comfort food" fulfills the need to belong. *Psychological Science, 22*(6), 747-753. https://doi.org/10.1177/0956797611407931

van Tilburg, W. A. P., Sedikides, C., & Wildschut, T. (2018). Adverse weather evokes nostalgia. *Personality and Social Psychology Bulletin*, *44*(7), 984-995. https://doi.org/10.1177/0146167218756030

Williams, L. E., & Bargh, J. A. (2008). Experiencing physical warmth promotes interpersonal warmth. *Science*, *322*(5901), 606-607. https://doi.org/10.1126/science.1162548

Zhong, C. B., & Leonardelli, G. J. (2008). Cold and lonely: Does social exclusion literally feel cold? *Psychological Science*, *19*(9), 838-842. https://doi.org/10.1111/j.1467-9280.2008.02165.x

Chapter 3.

Abeyta, A. A., & Routledge, C. (2016). Fountain of youth: The impact of nostalgia on youthfulness and implications for health. *Self and Identity*, *15*(3), 356-369. https://doi.org/10.1080/15298868.2015.1133452

Ai, T., Gillath, O., & Landau, M. (2022). Dear old love: Effects of reflecting on nostalgic memories about ex - partners on current romantic relationship. *European Journal of Social Psychology*, *53*(1), 15-28. https://doi.org/10.1002/ejsp.2880

Baldwin, M., & Landau, M. J. (2014). Exploring nostalgia' s influence on psychological growth. *Self and Identity*, *13*(2), 162-177. https://doi.org/10.1080/15298868.2013.772320

Bickart, K. C., Dickerson, B. C., & Barrett, L. F. (2014). The amygdala as a hub in brain networks that support social life. *Neuropsychologia*, *63*, 235–248. https://doi.org/10.1016/j.neuropsychologia.2014.08.013

Cheung, W.-Y., Wildschut, T., Sedikides, C., Hepper, E. G., Arndt, J., & Vingerhoets, A. J. J. M. (2013). Back to the future: Nostalgia increases optimism. *Personality and Social Psychology Bulletin*, *39*(11), 1484–1496. https://doi.org/10.1177/0146167213499187

Gable, S. L., & Impett, E. A. (2012). Approach and avoidance motives and close relationships. *Social and Personality Psychology Compass*, *6*(1), 95–108. https://doi.org/10.1111/j.1751-9004.2011.00405.x

Greenberg, J., Koole, S. L., & Pyszczynski, T. (2004). *Handbook of experimental existential psychology*. Guilford Press.

Iyer, A., & Jetten, J. (2011). What's left behind: Identity continuity moderates the effect of nostalgia on well-being and life choices. *Journal of Personality and Social Psychology*, *101*(1), 94–108. https://doi.org/10.1037/a0022496

Juhl, J., Routledge, C., Arndt, J., Sedikides, C., & Wildschut, T. (2010). Fighting the future with the past: Nostalgia buffers existential threat. *Journal of Research in Personality*, *44*(3), 309–314. https://doi.org/10.1016/j.jrp.2010.02.006

Juhl, J., Wildschut, T., Sedikides, C., Xiong, X., & Zhou, X. (2021). Nostalgia promotes help seeking by fostering social connectedness. *Emotion*, *21*(3), 631–643. https://doi.org/10.1037/emo0000720

Kelley, N. J., Davis, W. E., Dang, J., Liu, L., Wildschut, T., & Sedikides, C. (2022). Nostalgia confers psychological wellbeing by increasing authenticity.

Journal of Experimental Social Psychology, 102, 1–12. https://doi.org/10.1016/j.jesp.2022.104379

Mikulincer, M., Shaver, P. R., Gillath, O., & Nitzberg, R. A. (2005). Attachment, caregiving, and altruism: Boosting attachment security increases compassion and helping. *Journal of Personality and Social Psychology, 89*(5), 817–839. https://doi.org/10.1037/0022-3514.89.5.817

Rathbone, C. J., Moulin, C. J., & Conway, M. A. (2008). Self-centered memories: The reminiscence bump and the self. *Memory and Cognition, 36*(8), 1403–1414. https://doi.org/10.3758/MC.36.8.1403

Routledge, C., Arndt, J., Wildschut, T., Sedikides, C., Hart, C. M., Juhl, J., Vingerhoets, A. J. J. M., & Schlotz, W. (2011). The past makes the present meaningful: Nostalgia as an existential resource. *Journal of Personality and Social Psychology, 101*(3), 638–652. https://doi.org/10.1037/a0024292

Schwarz, N., & Clore, G. L. (1983). Mood, misattribution, and judgments of well-being: Informative and directive functions of affective states. *Journal of Personality and Social Psychology, 45*(3), 513–523. https://doi.org/10.1037/0022-3514.45.3.513

Stephan, E., Wildschut, T., Sedikides, C., Zhou, X., He, W., Routledge, C., Cheung, W.-Y., & Vingerhoets, A. J. J. M. (2014). The mnemonic mover: Nostalgia regulates avoidance and approach motivation. *Emotion, 14*(3), 545–561. https://doi.org/10.1037/a0035673

Wildschut, T., Sedikides, C., Arndt, J., & Routledge, C. (2006). Nostalgia: Content, triggers, functions. *Journal of Personality and Social Psychology, 91*(5), 975–993. https://doi.org/10.1037/0022-3514.91.5.975

Zhou, X., Sedikides, C., Wildschut, T., & Gao, D. (2008). Counteracting loneliness: On the restorative function of nostalgia. *Psychological Science*, *19*(10), 1023-1029. https://doi.org/10.1111/j.1467-9280.2008.02194.x

Zhou, X., Wildschut, T., Sedikides, C., Chen, X., & Vingerhoets, A. J. J. M. (2012). Heartwarming memories: Nostalgia maintains physiological comfort. *Emotion*, *12*(4), 678-684. https://doi.org/10.1037/a0027236

Chapter 4.

Batcho, K. I. (2013). Nostalgia: Retreat or support in difficult times? *The American Journal of Psychology*, *126*(3), 355-367. https://doi.org/10.5406/amerjpsyc.126.3.0355

Higson, A. (2013). Nostalgia is not what it used to be: Heritage films, nostalgia websites and contemporary consumers. *Consumption Markets & Culture*, *17*(2), 120-142. https://doi.org/10.1080/10253866.2013.776305

Holbrook, M. B., & Schindler, R. M. (1991). Echoes of the dear departed past: Some work in progress on nostalgia. *Advances in Consumer Research*, *18*(1), 330-333.

Lasaleta, J. D., Sedikides, C., & Vohs, K. D. (2014). Nostalgia weakens the desire for money. *Journal of Consumer Research*, *41*(3), 713-729. https://doi.org/10.1086/677227

Vedechkina, M., & Borgonovi, F. (2021). A review of evidence on the role of digital technology in shaping attention and cognitive control in children. *Frontiers in Psychology*, *12*, 611155. https://doi.org/10.3389/fpsyg.2021.611155

Wildschut, T., Bruder, M., Robertson, S., van Tilburg, W. A. P., & Sedikides, C. (2014). Collective nostalgia: A group-level emotion that confers unique benefits on the group. *Journal of Personality and Social Psychology*, *107*(5), 844–863. https://doi.org/10.1037/a0037760

Zhou, X., Sedikides, C., Mo, T., Li, W., Hong, E. K., & Wildschut, T. (2022). The restorative power of nostalgia: Thwarting loneliness by raising happiness during the COVID-19 pandemic. *Social Psychological and Personality Science*, *13*(4), 803–815. https://doi.org/10.1177/19485506211041830

Zhou, X., Wildschut, T., Sedikides, C., Shi, K., & Feng, C. (2012). Nostalgia: The gift that keeps on giving. *Journal of Consumer Research*, *39*(1), 39–50. https://doi.org/10.1086/662199

당신의 노스탤지아 여행은 어떠셨나요?
그리움이 머문 이 책 속에서, 당신의 마음도
잠시나마 따뜻하게 머물렀기를 바랍니다.